我懷著愛意將《崇拜：歷久常新》獻給

我的兒女、他們的配偶、我的孫兒女
和幾隻特別的寵物。

約翰和伊莎貝爾・韋柏（John and Isabel Webber）
納塔妮和拉克爾（Natalie and Raquel）

亞歷山德拉和杰克・威爾遜（Alexandra and Jack Wilson）
奎因（Quinn）

斯特凡尼和湯姆・韋爾奇（Stefany and Tom Welch）
湯米、杰克、本、萊克西（Tommy, Jack , Ben, Lexie）

杰里米和蘇絲・布封（Jeremy and Susie Buffam）
他們的狗孔迪和騙子

崇拜：歷久常新

韋柏　著　　陳永財　譯

基道出版社

▼

教會事工系列．崇拜事工

崇拜：歷久常新

Ancient-Future Worship
Proclaiming and Enacting God's Narrative

作者
韋柏 Robert E. Webber

譯者
陳永財

責任編輯
李慧儀

封面設計
奇文雲海 • 設計顧問

■

出版／發行
基道出版社
香港沙田火炭坳背灣街 26 號富騰工業中心 10 樓 1011 室
LOGOS PUBLISHERS
Unit 1011, 10/F, Fo Tan Ind. Centre, 26 Au Pui Wan St., Shatin, Hong Kong
電話：(852) 2687-0331　傳真：(852) 2687-0281
網址：https://www.logos.com.hk

承印
陽光 (彩美) 印刷有限公司

●

5/2009 初版
Cat. No. LP367B
ISBN: 978-962-457-377-0

刷次	12	11	10	9	8	7	6	5	4	3
年份	2029	2028	2027	2026	2025	2024	2023	2022	2021	2020

前言｜*Foreword*｜

｜羅伯特．韋柏：回憶和盼望｜

以下頌辭在二〇〇七年四月的惠頓學院神學會議（Wheaton College Theology Conference）的宴會上讀出，後來透過錄影帶呈獻給不能出席宴會的韋柏。會議的主題是「為教會的將來的古老信仰」（"Ancient Faith for the Church's Future"），這是韋柏著作的一個重要主題。韋柏在接著的那個星期去世。

親愛的羅伯特：

生命其中兩個最好的恩賜是回憶和盼望。這對讚美詩和聖餐禮的禱告都是真確的，對於個人和專業上的友誼，這也同樣真實。實行這兩種關乎你生命和工作的恩賜，實在是很大的榮幸——特別是在惠頓學院這裏。

每當我想到你已經寫成和出版的著作時，便懷著深深的感激。還記得自己在大約十八歲時打開《崇拜是動詞》（*Worship Is a Verb*），那本書中對我們的復活主的信念，以及它對崇拜的大公（catholic）視野，令我心裏火熱，就好像往以馬忤斯路上的門徒一樣。若干年後，我收到七箱檔案，它們後來成了「基督教崇拜文庫」（Complete Library of Christian Worship）的最後幾冊，我感到你探索的領域是多麼深廣——包括整本聖經、所有系統神學、兩千年的教會歷史、教會的每一種不同事工，而且包括一百個或以上的宗派（似乎全都在一個夏季完成）。我記得後來我在星期一到了卡羅爾．斯特林（Carol Stream）的一間酒店，在那裏，我們在四天內開始並完成《更新》（*Renew*）詩集的大綱。我記得你那時（以後也多次）說：「我喜歡計劃。」

我想到你已經出版的所有著作時，因為你那麼無私地與我們分享的一些特別恩賜而感到驚訝。

首先，你引介我們很多人認識到，初期教會是有獨特神學洞見、屬靈活力和先知式修正的一段時期。你以鼓舞在職牧者和平信徒的方式來傳遞以上見解。有人這樣形容普林斯頓（Princeton）的布朗（Peter Brown）：「他為過去平反，脫離成見。」你也是這樣，特別是關於崇拜方面。

你的部分工作只是令我們趕上一套新辭彙。你教導我們**主顯節**（epiphany）和**聖餐禮**（Eucharist）是有用的辭彙。你教導我們拼讀**求降聖靈文**（epiclesis）、**紀念禱詞**（anamnesis）和**希坡律陀**（Hippolytus）。你也行使限制，免除我們在只想帶領別人走上**通往耶穌的旅程**時卻因感到需要使用**慕道者**（catechumenate）和**奧祕的啟示**（mystagogy）這些詞語而產生的挫敗感。

你也創造新詞描述我們對初期教會漸漸產生的愛，在「共融」（"blended"）崇拜變成「集體」（"convergence"）崇拜再變成「歷久常新的」（"ancient-future"；或譯作「遠古－將來」）崇拜時，一直走在前面。很多出版商都想知道你怎樣稱呼崇拜——顯示你不單在描述一個運動，而且也在模塑它。

在所有這些計劃中，你都特別擅長為那些以前沒有怎樣接觸過有關材料的人而寫作。這種授業技巧在學術界深受輕視。寫作接觸廣大羣眾時，往往不再有吸引力。但我發覺你著作的讀者，結果往往是學到新事物，而不單是確定他們先前的假設。

你的技巧包括有能力探究廣闊的領域（包括歷史、觀念和地理方面），從不讓我們見樹不見林。你最近期的著作《神聖的擁抱：重拾充滿熱誠的屬靈生命》（*The Divine Embrace: Recovering the Passionate Spiritual Life*）集合了一生在教會教導這材料的成果。你選擇了最關鍵的主題，推動有活力的基督教信仰和生命，並堅定地追求下去。你眾多學生中，有些將來會研究你描述的樹林中一些樹上的葉子。但我希望他們不會忘記，整幅大圖畫的地圖，對教會的生命是必不可少的。

第二，你沒有避免坦率的批評和論辯。和愛任紐（Irenaeus）一樣，你「反對異端」。你反對的一些異端剛巧和他反對的相同。

這個冬天重讀你的著作，我因為你的著作對多種事物表達憤慨而驚訝。它們包括靈性—物質二元論、非歷史的神祕主義、實驗主義、條文主義、浪漫主義、自戀主義、「麥當勞靈性」、隱遁主義、諾斯底主義和對耶穌唱情歌。你以同等的筆墨反對理智主義和反智主義。你甚至將你的感受放入文章的標題，在一九八四年的《今日基督教》（*Christianity Today*）給我們一篇題為〈讓我們在崇拜聚會時崇拜：讓我們結束福音鼓動大會和主日早上的綜合表演〉（“Let's Put Worship into the Worship Service: Let's End Gospel Pep Rallies and Sunday Morning Variety Shows”）的文章；在一九八五年，你給我們《世俗人文主義：威脅與挑戰》（*Secular Humanism: Threat and Challenge*）這本書；在一九九九年你在《領導》（*Leadership*）給我們〈將上帝化約為音樂？我們不單在歌曲和持續演奏中經歷上帝〉（“Reducing God to Music? We Experience God in More Than Songs and Segues”）這篇文章。事實上，「芝加哥呼籲」（Chicago Call）使用了「我們譴責」這個詞組五次。

我們知道，即使在批評我們時，你仍然愛我們。你眼中的光芒出賣了你。你那同時從複雜問題的兩面來看問題的能力也出賣了你。你接受張力，將我們從不必要的極端拉回來，號召我們實行社會公義和個人轉化，既充滿活力地鼓掌，也深刻地內省；既熱切地渴望改變，也為信仰的遺產而深深感激。你號召我們同時接受真理和熱情。

雖然你有歸信者的熱誠，但也鎮靜得足以在結束《在坎特布里朝聖路上的福音派：為甚麼福音派受到禮儀教會吸引》（*Evangelicals on the Canterbury Trail: Why Evangelicals Are Attracted to the Liturgical Church*）的一節以「福音派對坎特布里的貢獻：福音派給禮儀傳統帶來甚麼」（“Evangelical Contribution to Canterbury: What Evangelicals Bring to the Liturgical Tradition”）作為標題。只有少數作者能做到這樣，而你正是其中一位。

第三，你的著作教導我們，教師可以怎樣同時在幾個層面提供幫助。你為課堂、持續教育和小組寫書。福音派對某個類型感到興奮時，你的企業本能總能夠抓緊機會，給我們導論性的聖經研究、歌書、教科書、普世教會號召宣言、家庭祈禱書和通訊。我們想有祈禱書時，你給我們《初階》（*Prymer*）。我們想要朝聖故事時，你提供《在坎特布里朝聖路上的福音派》。我們告訴你，我們十分喜歡範式時，你給我們送上《年輕福音派：面對新世界種種挑戰》（*The Younger Evangelicals*）。我們說你需要寫一篇關於好像波金斯（William Perkins）這樣的人物的論文時，你照做，寫到他多麼喜愛初期教會。在一九七〇年代，當布洛許（Donald Bloesch）、戴頓（Donald Dayton）、吉爾奎斯特（Peter Gillquist）、霍華德（Thomas Howard）、洛夫萊斯（Richard Lovelace）和尼克爾（Roger Nicole）都嘗試出版他們的著作時，你幫助他們組織他們的作品，給我們「芝加哥呼籲」。事實上，好像父母努力幫助幼兒吃健康的食物一樣，你認識你的讀者。你以所有可能的方式給我們實質、得勝的基督（*Christus Victor*）、宣教、禮儀的基督教這些蛋白質。

我十分清楚記得，二十世紀其中一位主要的循道會禮儀歷史學者懷特（James F. White）在生命的最後幾年，致力要讓你得到北美禮儀學會（North American Academy of Liturgy）「祝福」（Berakah）這個終身成就獎，因為他看到你這些年來的成就。但懷特從來都不知道的是，對我來說你所寫作的最深刻文類是：你和喬安妮（Joanne）過去六個月告訴我們你們的最新情況的電郵。在面對癌症時，這些短短的文章給我們深刻的信仰、誠實的哀歎，以及充滿活力的復活盼望的見證。這些電郵象徵你的作品的最後一個特點。

最好的是，你的著作見證了耶穌的福音，三一上帝的美，以及全面的基督徒生命那深刻的喜樂。東正教教導我們永遠不要**看著**聖像，而是**透過**它們觀看。我們知道，接受你的書籍的最好方法不是只是分析它們，而是透過它們觀看。

我們這樣做時，看見甚麼？

一位藉著聖言和聖靈在歷史中行動的上帝。

一個堅定的肯定：「基督死了，基督復活了，基督會再來。」

一個不單給予赦免，也帶來醫治的十字架。

不單潔淨我們的思想，也潔淨我們的身體的聖靈。
不單洗淨我們，也淹沒我們的洗禮。
不單回顧，也前瞻的晚餐。

而這也是我們現在所做的事。因為雖然回憶給人滋養，盼望卻更美好。因此，在堅定的盼望中，我們承諾做很多你號召我們做的事：記念我們的洗禮，在聖靈裏禱告，逃進聖餐禮中。

在這個復活節週，我們再次取得我們洗禮的應許，與聖經和眾聖徒一起這樣宣告：

> 願頌讚歸與我們主耶穌基督的父上帝！他曾照自己的大憐憫，藉耶穌基督從死裏復活，重生了我們，叫我們有活潑的盼望，可以得著不能朽壞、不能玷污、不能衰殘、為你們存留在天上的基業。你們這因信蒙上帝能力保守的人，必能得著所預備、到末世要顯現的救恩。（彼前一3~5）

懷著基督徒的盼望
威弗利特（John Witvliet）
二〇〇七年四月十日

序言 | *Preface* |

| 致親愛的韋柏教授 |

當基道出版社以電郵邀請我為韋柏教授離世前最後一本書寫「序言」時，我突然好像被流星的閃光擊中般振奮——一方面，因為自己的微小而感覺不配；另一方面，他的著作就好像陪伴傷殘者跑馬拉松賽的陪跑員，輕輕鼓勵我走過三十多年推動聖樂及崇拜事工的路。我曾把韋柏教授第一本書《崇拜：認古識今》（*Worship Old and New*）介紹給華人教會〔由香港宣道出版社於 2000 年出版〕。其實在一九八〇年代韋柏的書籍，例如《崇拜：一個感人的動詞》（*Worship Is a Verb*），《禮儀佈道：崇拜的外展與培育》（*Liturgical Evangelism: Worship as Outreach and Nurture*）及《在坎特布里朝聖路上的福音派》（*Evangelicals on the Canterbury Trail*），都是研究崇拜學極重要的書籍。我屢次讀畢他的作品，都有一股給韋柏教授寫信道謝的衝動；可惜，每次我都因為勝不過一般中國人「毛遂自薦」的惡習，怕阻礙他的繁重工作與寫作，沒傳魚雁，筆寫謝意。去年突然接獲韋柏教授兩位活躍於香港聖樂界的得意門生〔陳康博士及何嘉敏博士〕的來電，告訴我韋柏教授於二〇〇八年四月已經回到配受我們敬拜的上帝懷中，我久望發出的信，如今只好化作寒士歡顏的讚嘆。

親愛的韋柏教授：

一口氣讀完您的作品 *Ancient-Future Worship*（中譯本為《崇拜：歷久常新》），一如過往，心中充滿感歎與回憶。感謝上帝使用您超過四十本論及崇拜的著作，也感謝您替二十一世紀教會提供豐富的研讀材料，以及語重心長的教牧方案。

這本書的內容與文筆都反映您幾十年的功力與熱切，鞠躬盡瘁。書中的內容都是您寫過、教過的，但難得的是您在與病魔最後爭戰時〔您沒有親眼看見書的出版〕，以深入淺出，充滿永恆願望地指出教會應該有的終極的關注。以我們廣東俚語來說：「這是『老薑』的作品」！如果您不介意，我首先略略向華人教會簡介您這本遺作。

您一開始就為崇拜寫出一個簡單的定義，那是我有限見識所及裏最簡單的崇拜定義：「崇拜就是實行上帝的故事」。您所說的，其實是崇拜講述及重演已經成就的事情，崇拜就是建基於上帝往昔的救贖行動〔遠古（Ancient）〕，與此同時，崇拜預習新天新地，崇拜在等待上帝對世界的預期〔將來（Future）〕。「回顧」與「盼望」這觀念雖然簡單，但在很多教會崇拜中失落了多年。如果我們知道早期的聖徒是以聖經作集體敬拜的基礎，並排除萬難擁抱「三一」真理，我們便不會不曉得，上帝的子民要世世代代在集體崇拜中公開地敍論及重演上帝的故事。同時，您又說，上帝的故事不但由客觀的歷史觀察者所宣告，上帝的羣體更應動態地「演出」故事的內容。就如猶太人，雖經過許多年代，仍然每次在禮拜中參與「逾越節」；感恩禮（聖餐）與十字架的故事亦應該是今天信徒參與的場景。

「究竟二十一世紀教會崇拜與紀元最初六世紀有任何關係？」這些對於我們華人教會是匪夷所思的話題，但這是一個非常重要的神學問題——這關乎我們如何演繹歷史。您曾引述您的一位神學院歷史學同事朱利奧斯．史葛（J. Julius Scott）對他的學生所說的話：「如果你們願意充分了解基督教，那麼你們就必須明白第一世紀前的三百年與後者六百年的**思想史**〔粗體字為本作者所加〕，這樣你們就能夠掌握基督教信仰的原委與要義了。」

我當然希望華人教會的領袖們都熟讀您的最後四本書籍，就是一九九九年您開始總結一生的神學思想，遂出版的四本「遠古－將來」書籍系列（Ancient-Future Series），包括《遠古－將來的信仰》（*Ancient-Future Faith*，1999 年出版）、《遠古－將來的福音》（*Ancient-Future Evangelism*，2003 年出版）、《遠古－將來的時間》（*Ancient-Future Time*，2004 年出版）及本書。

當然，隨著北美產生有所謂「崇拜戰爭」的討論，您在一九九〇年代努力書寫三十多本的崇拜學專著。您當然知道，您提倡的共融崇拜觀念及寫作系列（Blended Worship Series）在神學界引起很多爭辯及批判，很多人甚至利用共融觀念創造「三不像」的崇拜——在沒有設計企劃所謂「敬拜讚美」的模式裏加插一首所謂「傳統聖詩」，便說那是您所主張的。您的最後幾本書籍，可以說是釐清了不恰當的「借用」。

您最後的四本大作，解釋清楚後現代文化的陷阱，更加常常以「教會年」（church year 或 liturgical year）預表信徒屬靈的路程（spiritual journey），鼓勵我們重整我們的屬靈生命。實際上，在轉變的世代中，「根」、「聯繫」、「正統性」與「真確性」都應該是我們與歷史基督教（historical Christianity）保持關係及往前奔跑的非常重要因素。

您自己已經走完人生的最後階段，您寫的「將來」是那麼實在！但願普世所有的教會，尤其看中文版的華人教會，在崇拜中能注目永恆，同時肯定使徒傳統。

韋柏教授，謝謝您，知道您努力走完上帝在地上選召您走的道路，現在得稱為「良善又忠心的僕人」，他日在基督的榮耀中再與您交談吧。

您的忠實讀者
羅炳良
二〇〇九年六月

致謝 | *Acknowledgements* |

自從在二〇〇六年八月二十五日被診斷出患了不能治癒的胰臟癌後，我強烈察覺到能夠寫作是多大的榮幸。在寫這本我最後的著作期間，我花時間回想過去三十年的寫作生涯，思想那些模塑我的著作內容和風格的無數書籍、人物和事件。我也懷著感激的心，想到在這文化中回應教會狀況的眾多機會，以及仁慈地支持我出版著作的出版社。

自從一九九九年開始，我的書籍都主要由貝克出版社（Baker Books）出版。我特別要感謝它的高級編輯鮑勃・霍薩克（Bob Hosack）。是他首先接觸我，提議再版《共同的根源》（*Common Roots*，於 1978 年初版）。再版的著作成了《歷久常新的信仰》（*Ancient-Future Faith*，1999），最終變成現在的歷久常新系列。在這些年間，霍薩克都不單是編輯。我們和他一家在我家裏、海灘和很多餐廳共度好些時光。鮑勃，多謝你的專業支援和友誼。對我而言，這兩樣東西都意義重大。我也要特別感謝布林克霍夫（Paul Brinkerhoff）和施蒂克（Lois Stück）細心的編輯工作。

大約在鮑勃和我開始合作時，北部神學院（Northern Seminary）邀請我接受邁爾斯事工講座教席（William R. and Geraldyne B. Myers Chair of Ministry）。我在二〇〇〇年離開了惠頓學院，接受這個職位。由於教學量減少了，我有更多時間寫作。在教了六年書後，我得到一年安息年（2006 年 6 月～2007 年 4 月）。正是在這段時間，我可以寫這本書。

我十分感激北部神學院為我所做的一切。過去這七年裏，滿是我對北部神學院的快樂回憶——行政當局、教職員、系所、學生和管理委員會都是很好的合作伙伴。在學術、屬靈和個人關係的不同層面的羣體意識，都很富挑戰性與啟發性，並且總是給予我支持。

同時，也是在我開始在北部神學院任職時，我以前的學生兼朋友吉絲頓（Ashley Gischen）成為我的行政助理。在過去這七年，吉絲頓都是將我的意念和計劃由語言轉化為文字的主要人物。在那些年間，是她坐在電腦面前將那九本書的手稿逐一打出來。她一直都沒有任何抱怨——只有對工作的無限熱誠，以及為我們一起製造的一切感到喜樂。以這一切方式，吉絲頓成了我真正的朋友、與我志趣相投的人和真正的屬靈導師。

若我不強調北部神學院、霍薩克和貝克出版社以及吉絲頓在我最後七年的事奉裏所扮演的重要角色，我不能離開這地上。如果沒有他們，這本書和在這七年間寫成的其他書，都不可能完成。

關於我親愛的太太，我可以說甚麼呢？對她過去七年在支持我的各項工作中流露的愛，我不能以言語表達我的感激。我在二〇〇〇年從惠頓學院退休時已經六十六歲。大部分退休人士都期望旅行、探望孫兒孫女和更閒適的生活步伐。但我不是這樣。我說：「我的生命和我的事奉是二而一的。我想生活、教書和寫作，直到離世。」喬安妮的支持是明確的。在我生命最後的七個月中，她將自己的手腳變成耶穌的手腳。她以愛服事我，直到最後，盡可能確保我舒適和沒有痛楚。她儘量與我一起坐在火爐旁寫作。我因而能夠在去世前幾個星期完成了這份手稿。

最後，我也應該感謝你——我的讀者。沒有讀者，書籍便不能寫成或出版。因此，你也有分令我可以寫作。過去多年，你們很多人都在會議中，並透過電話和電郵與我交流。我希望我已經以我心裏對讀者感到的責任感和感激回應了你們。

謝謝你們——每一位——打開了那麼多道門，並且每天一步一步與我一起走過那些門。

韋柏

二〇〇七年大齋節

目錄 | *Contents* |

引言 | *Introduction* |

| 一段個人的説明 |

我實際上是早在一九七〇年代已經開始寫《崇拜：歷久常新》，而不是幾個月前才動筆。那時我開始視崇拜為嚴肅的學術研究。但當然，那時我寫不出在差不多四十年後的現在所寫的東西。我需要經過個人的經驗和學術階段，令我的思想變得成熟。（我在「我邁向歷久常新的崇拜之旅」這個結論中提及這些階段。）這本書很可能是我最後一本著作，在這本關於崇拜的書籍中，我邀請你踏上崇拜的漫長旅程。

這不是學術著作。與我其他關於崇拜的書籍相比，我並沒有像人們所以為的那麼倚靠間接來源。不過，這本書是建基於我多年來研究公共崇拜的思考，並將這些研究化為己有的結果。這思想包括過去十年累積和具體化的思考。因此，它綜合了聖經、歷史、神學、文化和宣教學。但《崇拜：歷久常新》不是將我過去寫成的材料重複一遍。它引用近年對舊約的研究——特別是妥拉（Torah）崇拜的研究——並強調聖經和**實行**上帝的故事的崇拜所具有的那種敍事性質。

崇拜的敍事性質

令《崇拜：歷久常新》與我以前寫的眾多崇拜書籍有所

不同的，是恢復上帝的敍事這個中心主題。我們應該在崇拜中宣告上帝的敍事，這是有十分迫切的原因的。首先，上帝的敍事是**真理**，這也是本書的主要信念。強調崇拜的敍事性質的第二個原因，是現時來自恐怖分子的競爭，他們認為是阿拉（Allah）敍述世界。

我太太和我對世界的政治局勢很感興趣。她花在這方面的時間比我更多。她從互聯網取得文章，閱讀《華爾街日報》（*Wall Street Journal*）和好些政治雜誌，聆聽清談節目——然後為我將那些資料濃縮起來。

和大部分美國人一樣，我們因為伊斯蘭恐怖分子和在中東發生的事情而深感困擾。我們喜愛和支持猶太人的國家，希望巴勒斯坦可以成為一個獨立國家，也看著伊朗、敍利亞、約旦、沙特阿拉伯、埃及、黎巴嫩，以及當然還有構成阿拉伯國家的所有國家正在發生的瘋狂事件。

我太太是政治領域的專家，我們對伊斯蘭的歷史和神學也產生興趣。雖然我不是專家，但我留意穆斯林的宗教宣稱，也閱讀過一些書和部分《可蘭經》（Qur'an）。

所有基督徒都應該關心和關注的是，激進的伊斯蘭教宣稱阿拉是宇宙的主，他號召他的信徒透過暴力地使用刀劍在全地建立他的領土。根據《可蘭經》，阿拉是獨一和惟一真正和真實的神，他在歷史中向很多先知啟示他自己，包括摩西、大衛和耶穌。但他最終和權威的啟示是給穆罕默德（Muhammed）這位最後的先知。為了實現阿拉的敍事，激進的穆斯林致力破壞西方文明，殺死所有異教徒，令全世界都臣服於阿拉和伊斯蘭教教法（Sharia law，亦即生命之道）之下。

這就是激進伊斯蘭教的敍事——一個故事，一種看世界和在世界生活的方式。它與其他敍事一起存在，相互競爭，包括世俗敘事、共產主義敘事或任何法西斯敘事。想到我們的世界在這個後現代時期的情況，我們可以說它是在等候一個全新的敘事來解釋和團結世界，為甚麼我們基督徒仍然專注於重視理性、科學、消費主義和營銷的現代世界呢？

是時候恢復真理——上帝對世界的故事——了。是時候容讓上帝真實的故事模塑我們的崇拜了。恢復上帝由創造到再創造那完滿和完整的故事，是令《崇拜：歷久常新》與我其他崇拜書籍不同的地方。你會在我其他書籍中找到這個故事，但在這裏，那個故事在崇拜中的發展得到全面關注。

怎樣閱讀這本書

《崇拜：歷久常新》分成兩個互有關連的部分。在第一部分，我簡單地描述崇拜作為上帝的故事。在第二部分，我將上帝的故事應用到崇拜的幾個（但不是所有）行動。

在第一章「崇拜**實行**上帝的故事」，我以回到上帝的故事裏面作為出發點。我說「回到上帝的故事裏面」，因為一些基督徒的主要錯誤是說：「我必須將上帝帶到**我的**故事裏面。」古老的理解是上帝加入人類的故事，**將我們帶進祂的故事**。兩者有天壤之別。一個是自戀的；另一個則以上帝為導向。如果你明白你整個生命都連繫到上帝的故事，你整個屬靈生命都會改變。在崇拜中，我們**記念**上帝在過去的故事，並**預嘗**上帝在將來的故事。

在第二章「崇拜**記念**過去」，我集中在崇拜**記念**上帝從開始到現在的故事。這一章強調創造、以色列、道成肉身、死亡和復活的地位。

第三章「崇拜**預嘗**將來」號召我們對上帝永遠統治所有造物存有盼望。對自己、自己對將來的計劃、自己的事業和自己的朋友網絡，我們往往存有盼望。但忠於上帝的故事的崇拜說：「負責的不是你。」崇拜宣告：「上帝過去的拯救行動和世界的將來之間有連繫。」宣告上帝對世界的目的的崇拜說：「要信任上帝。上帝心裏想著世界和你的最佳利益。邪惡不是定局。最後決定權在上帝。祂的異象推動我們的工作和崇拜。祂是主，阿拉並不是——我們在崇拜宣告這個信息時，世界便會聽到！」

這種崇拜會全面革新我們的集體崇拜和靈性。不過，我寫這本書時問道：「今天在哪裏可以找到這種崇拜？」這個問題將我的思想引向教會更長的歷史上，回到上帝的敍事明顯是崇拜的主題的時刻。我找到那些地點和時間；但那些追尋令我察覺到上帝的敍事在甚麼時候不是崇拜的主題，這察覺叫我十分痛苦。因此，我寫了第四章「上帝故事的**完滿**怎樣失落」。（留意我用**完滿**這個詞，因為至少總有故事的殘餘，即使在最壞的時候。）

在第二部分「將上帝的故事應用到崇拜」，我提出實行上帝的故事的崇拜會怎樣促進教會的靈性。我最初開始寫作關於崇拜的作品時，沒有將崇拜和靈性連繫起來，因為我自己仍未作出這種連繫。崇拜和靈性的連繫是在上帝的故事中作出的。公共崇拜**實行**或**表現**上帝的故事。**崇拜**是動詞。**靈性**是默想上帝大能的拯救行動。你可以說靈性是思想性的。但崇拜也有思想的一面，靈性也有積極的一面。因此，這比較不是絕對的；它有一些轉圜餘地。不過，在崇拜和靈性中，我們加入上帝的故事，發現自己和整個世界都在上帝的敍事之下。離開了在上帝的敍事，崇拜和靈性都是沒有生命的。上帝將我們帶到祂的故事、祂的恩典、祂在整個歷史的救贖工作中。祂在我們的崇拜中這樣做。祂在我們的靈性中也這樣做。

為了讓我們被帶進上帝的故事，我們的崇拜需要有範式上的轉移——從自己轉向上帝。我在第五章「崇拜：由記念和預嘗轉化」顯示這範式轉移可以怎樣實現。在這一章，我只是將這兩個聖經主題應用到我們今天的崇拜，並促請大家在聖言的和聖餐禮的崇拜中恢復記念和預嘗。在聖言的崇拜裏，上帝在歷史中的工作得到講述；在聖餐禮的崇拜裏，上帝的故事同時得到講述和實行或以戲劇形式表現出來。

接著我更深入地看聖言。我在第六章「聖言：由聖經的敍事性質轉化」討論這個主題。在這裏，我號召大家離開對聖經那僵化、乏味、對事實的研究和宣講，回到透過恢復聖經的類型閱讀，將聖經當為整體來閱讀的古老方式。那些恢復這種古老宣講方式的人，會在經文中找到新的洞見，在講道中找到新的喜悅，並從那些因在無數將兩約連繫起來的類別中看到記念和預嘗從而學懂全新愛上帝的聖言的人那裏，得到極大的益處。

然後，我在第七章「聖餐禮：由上帝在聖餐桌前的同在轉化」轉向聖餐。我處理上帝在聖餐桌前的缺席，以及聖餐桌受到的忽略。我們忽略耶穌自己邀請我們在聖餐桌與祂相會，實在諷刺得很。祂號召我們到那裏記念祂。但我們卻忘記了，並對祂究竟在哪裏感到疑惑。祂號召我們到那裏預嘗祂的國度統治所有受造物，但我們對自己剛做了甚麼卻感到疑惑。我們在自己裏面尋找聖餐禮的意義時，卻只找到失望；於是我們便轉身離開。

最後，我在第八章「禱告：藉著恢復古老的崇拜風格而得到轉化」打開一扇窗，讓我們一瞥古老的崇拜風格。我關心的是崇拜怎樣成了節目、表演和娛樂。同樣，問題是對崇拜那種自我中心和介紹的取向。如果我們以為崇拜是關於**我**自己，或者我們嘗試在崇拜中向人們**推銷**，或者吸引他們接受基督進入他們的生命，我便能夠明白娛樂節目的價值。但同樣，表演性崇拜將真正的崇拜顛倒過來。如果崇拜真的實行上帝的故事，號召人們藉著進入上帝的故事而找到他們的生命和故事，禱告便是崇拜的風格。我從四世紀的禮儀中引述一個禱告崇拜的例子，邀請你花時間實際以那崇拜的一些部分為禱告。你這樣做時，你會經驗崇拜的古老方式，學習怎樣帶領別人進入崇拜－禱告。

在結論，我提供建議讀物，幫助你作出邁向歷久常新的崇拜的範式轉移。我對歷久常新的崇拜充滿熱誠；我相信那是教會通向上帝的敍事的窗戶。

就我記憶所及，我們活在最混亂的時代，而我已經七十多歲了。似乎有一個風暴正於中東形成；基督教信仰的影響似乎那麼個別化，以致不再能夠影響文化。正當、正直、誠實和尊重上帝的事情似乎在我們周圍都失落了，取而代之的是粗野和一種自由，這自由是踰越了對那些想過有紀律和熱誠的生活的人的尊重的。在這個瘋狂的世界，我們可以從哪裏開始建立光明的燈塔、真理的標準、通往上帝旨意的路徑？我明白有很多事工正是這樣做。但我發覺缺少了一個主要的事工——崇拜。這本書就是關於怎樣恢復一種會再次指出那道路——上帝的敍事，對世界惟一真正的敍事——的崇拜！

我強烈促請你在閱讀正文前先讀結論：「我邁向歷久常新的崇拜之旅」。

第一部分

在崇拜中恢復上帝的故事

Rediscovering God's Story in Worship

第一章 | *Worship **Does** God's Story* |

| 崇拜實行上帝的故事 |

曾經有一位牧師朋友看著我說：「崇拜是甚麼？給我一句能解決我疑惑的話吧。」我以這一章的標題那幾個字作回應：「崇拜實行上帝的故事！」

那牧師的臉變得僵硬，他一邊搖頭表示「那是甚麼意思？」，一邊看著我。他說：「鮑勃，我完全不明白你説甚麼。告訴我，説崇拜實行上帝的故事是甚麼意思？」

我寫了《崇拜：歷久常新》來回答這個問題。

你從哪裏開始？很明顯，我們需要考慮整本聖經，教會的整個故事，以及我們當代的處境。我可以在任何地方開始——從創世記、出埃及事件、基督事件、古代教會或甚至當代處境。不過，我會從對五旬節的描述，亦即從使徒行傳二章開始。你將會明白箇中原因。

五旬節的宣告

五旬節那天肯定是歷史的轉捩點。那是結束的一天，也是開始的一天。

我們通常將五旬節連繫到聖靈降臨，彷彿聖靈源自那一天。但事實上，聖靈在整個歷史中都存在。上帝的故事是三一上帝的故事，因此總是聖父上帝、聖子上帝和聖靈上帝的故事。例如：初期教父使用的一個象徵：上帝總是透過祂自己雙手——成肉身的聖言和聖靈——在世界工作。

因此，正如子一樣，聖靈在創造、出埃及事件和以色列的歷史和象徵中，與父一起工作。在聖經中，我們在創造中遇到聖靈「運行在水面上」（創一 2），以及在宣告上帝的聖言的先知受到的感動中。在施洗約翰來到時，聖靈談及審判；在耶穌的出生中，聖靈帶來道成肉身；在耶穌受洗時，聖靈肯定祂的事奉，在透過耶穌的事奉、死亡、復活和升天帶來的救贖中，祂也很活躍。

在五旬節那天，也就是耶穌升天十天之後，我們再次看到聖靈的工作。正如聖靈在創造和道成肉身中工作，現在聖靈在由聖靈在五旬節宣告的再創造，創造的救贖和挽回中工作。因此，如果聖靈在上帝所有救贖行動中活躍，聖靈在五旬節那天做的**新**工作是甚麼？

新的不是聖靈的**來臨**，因為正如尼西亞信經（Nicene Creed，公元 325 年）所說，聖靈是「主，生命的賜予者」，創造的來源和能量。哪裏有生命，那裏總有聖靈的工作。那麼，甚麼是**新**的？

兩個詞語表明了甚麼是新的。新的**理解**和新的**加力**。新的理解由彼得在五旬節主日的講道總結。百姓因為上帝以他們自己的語言賜下的信息而感到驚訝，問道：「這是甚麼意思呢？」（徒二 12）然後彼得站起來說話。（徒二 14～36）彼得引述**以色列的歷史**和**十字架事件**總結說：「你們釘在十字架上的這位耶穌，上帝已經立他為主，為基督了。」（徒二 36）在歷史中一直都很活躍的三一上帝將世界帶到這一刻。**新**的理解是期待已久的彌賽亞已經來到，這位彌賽亞是所有受造物的主，百姓要悔改，受洗使罪得赦免，並接受聖靈。彌賽亞這位一切創造的主來臨，人類歷史來到一個轉捩點。上帝在歷史中工作的故事，在五旬節達到高潮，上帝的敍事本來似乎只限於以色列，現在卻讓所有人都知道。上帝的敍事是所有受造物和創造的故事。祂會更新大地！

這個在耶穌基督裏來到，並在五旬節宣告的偉大故事，有很多總結和呈現的方式。聖經充滿宣告這個故事的意象、文字圖畫、故事、類別和類比。其中一個講述這故事的方式是透過四幅圖畫：上帝和伊甸園、上帝和曠野、上帝和客西馬尼園，以及上帝和永恆的園子。

在現代世界，我們很少視聖經為一幅反映對世界一個全面視野的綜合圖畫。我們太忙於留意細節，以致看不見上帝的整體敍事。我們太關心以文學鑑別、歷史驗證和神學系統來分析聖經的不同部分。不過，現在整體氛圍已經轉向留意粗筆的勾勒。因此，現在我轉向將一切連繫起來的四幅圖畫——並冒著不處理很多人仍然感興趣的細節這個危險。請閱讀以下內容，藉以看到那幅圖畫，取得整體的視野。

上帝和伊甸園

上帝的故事始於上帝自己。聖經的上帝不是單子（monad），不是非位格的力量，而是父、子、聖靈的三一羣體。強調在於羣體。上帝是一。基督徒並非如伊斯蘭教徒指控那樣接受多神論。

這三一羣體是位格和位格性的。聖經和古代對**位格**的定義是「羣體中的存有」。上帝是愛的永恆羣體。如果上帝是單子，上帝便不具位格性或羣體性。

上帝這愛的永恆存有，渴望創造其他存有（羣體中的人），分享祂自己的羣體。上帝按自己的**形象**創造人類，居住在羣體中的人類，實際上蒙上帝呼召，從**裏面**與神格（Godhead）的羣體團契。

祂首先創造一個世界——一個供自己居住的**地方**，讓按祂的形象受造的存有居住在其中，與祂自己團契。這個地方就是伊甸園。那是上帝創造的地方，上帝居住的地方。創世記對這個園子描述有如田園詩一般，呈現出一幅圖畫，顯示上帝想祂的世界怎樣，以及上帝與人類怎樣交往。

那幅圖畫是關乎關係。亞當和夏娃與上帝、彼此及大自然和諧一致。

那圖畫也是關乎人類照顧大地這工作的其中一部分，為動物命名，在實行上帝的旨意時——耕種大地，發掘它的寶藏，繼續讓大地給上帝的榮耀棲居，成為讚美上帝的舞台——找到意義。

上帝和曠野

第二幅聖經圖畫是上帝和曠野。墮落破壞了伊甸園的關係。現在上帝與人類、人類與鄰舍以及人類與上帝之間的團契受到干擾、破壞、撕裂和扭曲。邪惡進入圖畫。

邪惡不單是善的缺席或道德的失敗。邪惡是人類拒絕實行上帝的目的。邪惡是刻意、故意和粗暴地拒絕上帝。它是選擇在脫離上帝下展開文化。那是事奉撒但——反上帝——世上一切罪和死之父的生命和工作。

邪惡帶來死亡：「這就如罪是從一人入了世界，**死又是從罪來的**；於是死就臨到眾人，因為眾人都犯了罪。」（羅五 12；粗體為引者所加）

現在死亡在創造中掌權。

死亡是邪惡的黑暗浪潮，席捲所有創造、所有受造物、所有文化結構、所有城市和所有文明。

死亡令人類癱瘓，結束所有生命。

死亡觸及每一棵樹，每一條草，每一朵花，將上帝的園子變成曠野。

曠野是敵對上帝的世界的典型象徵。它是一切反生命的象徵，它象徵被風吹至乾旱的死寂大地。太陽的熱力使世界乾涸，大地變成躁熱和乾旱，大地在本身的死亡的重壓下呼喊。曠野成了沙特（Sartre）的《沒有出路》（*No Exit*），艾略特（T. S. Eliot）的《荒原》（*The Waste Land*）和貝克特（Samuel Beckett）的《等待果陀》（*Waiting for Godot*）。

但在曠野中上帝興起一個見證人，見證失落的園子和即將來到的園子。祂為自己以亞伯拉罕建立一個家庭，以雅各建立一個部族，以以色列建立一個民族，以大衞建立一個王國。在這個家庭，在這羣上帝呼召到自己面前的百姓中，有一條根——耶西的根，曠野中的一枝樹枝，是開花的，開出生命、盼望和新的花——是透過亞伯拉罕的家庭給予出來的應許：

我必叫你成為大國。
　我必賜福給你，
叫你的名為大；
　你也要叫別人得福。
為你祝福的，我必賜福與他；
　那咒詛你的，我必咒詛他。
地上的萬族
　都要因你得福。（創十二 2 ~ 3）

在這裏，我們從向亞伯拉罕說的話中找到救贖——拯救整個世界——的應許。

以色列國是上帝應許的直接結果。上帝的受膏者——上帝的彌賽亞，也是所有創造的主——會來自這個國家。

以色列充滿那要來的一位的記號、類別和圖像：以色列現在身處曠野，在法老沉重的手下。他們受束縛，象徵所有受造物受到曠野的疏離重壓。摩西是耶穌的典型象徵，由上帝差派的領袖，解救祂的百姓脫離曠野的束縛。（來三1～6）在出埃及事件中，上帝大能的手解救以色列人脫離束縛，這是一種基督事件——道成肉身、釘十字架和復活——透過它，所有受造物和創造都得到救贖和挽回，恢復園子的整全。（來二 5～18）

以色列成為上帝百姓的組成過程，是教會的一個模範——上帝的百姓蒙召成為上帝的羣體，在園子中與祂團契。（彼前二 9～10）以色列裏面的一切最終都是關於將會來到的彌賽亞。（路二十四 27）

會幕是上帝同在的地方，就正如上帝棲居在祂成肉身的聖言中。（約一 14）會幕也預示耶穌的所有工作——祂帶來永恆生命的新約，祂大祭司的事奉，永恆的崇拜，以及透過祂流出的血的拯救。（來七～十章）

敵對上帝的曠野雖然有所有死亡的象徵，但並不是荒涼得沒有任何盼望。那盼望在以色列中找到，彌賽亞會從那裏出來。祂會逆轉墮落的影響，再次令曠野變成顯示上帝榮耀的園子。

上帝和客西馬尼園

客西馬尼園是逆轉的園子。它是乾旱大地的新水。它是世界的生命的新血。因為在這裏，新的創造開始。最早形成

的人的罪，由第二亞當補救。「因一人的悖逆，眾人成為罪人；照樣，因一人的順從，眾人也成為義了。」（羅五 19）

我從三藩市飛到洛杉磯，與一個來自東方傳統的人談到信仰的問題。我問他：「告訴我，哪一句話可以表達你的信仰的本質？」

「當然可以，」他說，並很快這樣回應：「我們都是問題的一部分；我們都是解決辦法的一部分。」

我問他：「你想聽一聽基督教的版本嗎？」

他說：「唔，好的，當然喇。」

「我們都是問題的一部分；」我說，然後停下來，給他足夠的時間連繫到他的回答。接著我補充說：「但只有一個人是解決辦法。祂名叫耶穌。」

保羅在給哥林多人的信中這樣表達這句話：「死既是因一人而來，死人復活也是因一人而來。在亞當裏眾人都死了；照樣，在基督裏眾人也都要復活。」（林前十五 21～22）

這位在歷史終結時救贖受造物和創造、恢復上帝的園子的第二亞當，是上帝本身、成肉身的聖言。沒有人可以恢復那個園子。只有上帝可以這樣做，而祂是藉著成為我們的一分子，承擔罪本身的咒詛——死亡——而這樣做。藉著為我們死，祂摧毀死亡，並復活取得新生命。祂的復活是第二創造的行動，一個新的開始，會在祂再來重建園子，帶領人類進入祂自己的團契生活，永遠統治創造時達到高峯。

道成肉身

上帝在耶穌基督裏面更新和挽回所有受造物和創造的一個關鍵是道成肉身。在道成肉身中，上帝在耶穌基督裏與我們人類聯合。那些隨便地肯定上帝在耶穌基督裏與人聯合，但卻沒有思想其中的意義的人，他們往往忽略了道成肉身的聯合那深刻的意義。

初期教會的教父深入思想道成肉身，以及它怎樣連繫到創造和墮落，以及它與十字架、空墳墓、升天、基督的永恆代求和祂在新天新地中再來恢復那個園子那內在的關係。

思想道成肉身和它與上帝故事每一方面的連繫，是今天神學思想和崇拜中缺乏的連結。那連結可以在這些話中找到：**上帝為我們做我們自己不能夠做的事情**。

想一想這點：上帝將人類放在園中，享受在父、子、聖靈的羣體中與上帝的親密關係。上帝邀請我們分享祂自己的生命，與祂一起令祂的創造成為顯示祂榮耀的地方。但我們失敗了。我們藐視上帝。我們跟隨反上帝——撒但——的旨意展開世界，世界的文化和文明。現在我們不能與上帝有任何關係。由於我們的罪和邪惡，我們不能夠透過自己的任何努力再次進入父、子和聖靈的羣體的親密中。

因此，上帝自己，成肉身的聖言，在我們墮落的人中間居住（與我們聯合），讓祂——現在成了人的上帝——可以逆轉人類的狀況。我們可以說，祂自己承擔我們所有罪和叛逆。祂活出完美的生命——上帝想我們在順從祂創造的目的時有的生命——逆轉墮落的人類的生命。祂在十字架上為罪付上罪責。祂打敗魔鬼。祂征服地獄。祂再創造。祂做這一切，以致在我們信任祂時，祂便在我們裏面，我們也在祂裏面。同樣，由於祂的道成肉身之後是祂的死亡和復活，我們在祂裏面也得到挽回，現在得以進入父、子和聖靈那個羣體的親密交往和團契。而這全因為上帝出於祂的大愛和憐憫，成了肉身，與人類聯合，逆轉人類的狀況。

創造和救贖

道成肉身將創造和救贖連結起來。這個強調在世界所有宗教中是獨一無二的。例如：希伯來人肯定上帝是創造者，但卻沒有誰救贖創造（雖然在基督裏實現的象徵有很多）。還有穆斯林。阿拉是創造主。但同樣沒有創造的救贖。伊斯蘭教是律法的宗教。創造主給世界頒下我們要賴以生活的規則。這些規則可以在伊斯蘭教教法中找到。不跟從那些規則的人會受到嚴厲懲罰。

在大部分宗教中，創造怎樣得到救贖？答案是得不到。救贖脫離了世界。透過默想、禱告、詠唱等宗教技巧，靈魂可以暫時逃避身體的物質存在，暫時與超越聯合。不過，自我必須回到它的牢獄，直到在死亡中得到最後解放。

新紀元主義者嘗試改變基督教，要它依從這個方向。在新紀元的書籍和著作中，耶穌被視為古魯（guru；按：即有大智慧導人開悟的老師），祂的主要目的是向人們顯示，怎樣超越他們受地上束縛的自我，接觸超越的靈。

因為這個及其他原因，我們必須恢復創造主的敍事，祂介入我們的創造，藉以救贖它。基督徒在他們屬靈的基因中有這個信念，但我認為它在過去五十年被忽視，甚至忽略了。

例如：我發覺自由派的基督徒有創造神學，卻沒有道成肉身的神學。因此，自由派基督教結果變成了人文主義的社會行動（相對於救贖性的社會見證）。

我發覺保守派基督徒也有類似問題。保守分子有救贖神學。但他們幾乎完全集中在耶穌的死上，因此忽略了創造、道成肉身和再創造之間的連繫。因此，保守的基督教集中在從身體中搶奪靈魂，使它不致落入地獄。這種基督教是另一種將創造和救贖分開的方式，傾向諾斯底主義，這是初期基督教的異端，反對道成肉身和世界的救贖這些信仰。

神和人的聯合

上帝的道成肉身是聖言成為肉身。（約一 14）上帝不折不扣地實際成為人類。上帝沒有**變成**肉身，聖言也並非只是**棲居**在人體裏面。道成肉身是神性和人性的真正**聯合**，在童女馬利亞的子宮裏發生。迦克墩信經（Chalcedon Creed，公元 451 年）將這完美的聯合描述為發生得

> 沒有混亂、沒有改變、沒有分歧、沒有分開的；本性的區別沒有以任何方式被那聯合廢除，而是每一個本性的特點都得到保存，一起形成一個位格和實質，不是分成或分為兩個位格，而是同一個聖子，受生的聖言上帝，主耶穌基督；正如從最早的先知談及祂，我們的主耶穌基督自己教導我們，以及傳給我們的教父的信經所說那樣。[1]

我們說耶穌是百分百的神和百分百的人時，將這個聯合通俗化。這肯定是好和準確的描述，但我們需要探究它的深度。

花點時間思想「在耶穌這個人裏面，上帝那神聖的同在」吧。神性從來沒有與人性分開。神性的同在，於耶穌在馬利亞的子宮裏孕育，在耶穌年青的生命裏，在祂的成熟、祂的受洗、祂的講道、祂的神蹟中工作。那些在圍繞十字架、死亡和埋葬、復活和升天，以及祂現在永遠為我們代求，並很快會回來令世界回復墮落前的狀況，在這些事件中，拒絕上帝的同在的人，懷疑神性的同在。

而人性的同在，也總是在基督整個道成肉身中與神性聯合。在人性的同在中，人類的一切都與上帝聯合。人類的全部叛逆，以及威脅每個受造物和所有創造的死亡，耶穌都

一一承受、接受和承擔（實際上沒有任何話可以完全描述這聯合的奧祕）。

由於神性和人性的聯合，上帝藉著聖靈的能力，在耶穌裏完美地與第一個亞當同歸於一。**同歸於一**這個詞傳達以弗所書一章 9 至 10 節使用的希臘詞語的意思：「照他自己所預定的美意，叫我們知道他旨意的奧祕，要照所安排的，在日期滿足的時候，使天上地上一切所有的，都在一個頭，就是基督裏面一起〔同歸於一〕。」這萬物的**同歸於一**是由上帝實現，藉以再次開始創造，在永恆的園子中令它完美。

在客西馬尼園發生的事情，是上帝與世界的關係的轉捩點。這個轉捩點在以色列中得到見證。它在道成肉身中開始實際展示出來。在馬利亞的子宮中，基督已經完全順服上帝，在那裏祂開始形成新人的過程。祂的生命、被釘十字架、死亡、降入陰間、復活和升天實現了以色列對世界的救贖者的盼望。耶穌這位彌賽亞現在已經復活和升天，成為所有執政及掌權者的主。藉著祂為罪的犧牲，祂大大勝過了一切邪惡和死亡。（在創三 15 中應許）耶穌基督「既將一切執政的、掌權的擄來，明顯給眾人看，就仗著十字架誇勝」。（西二 15）

上帝永恆的園子

我們現在活在基督復活和再來之間的那段歷史。祂再來時會挽回祂的世界，重造園子。

上帝會居住在那個園子裏，以它為自己永恆居住和榮耀的地方。祂造來與祂愛的三一羣體團契的受造物會（透過與祂成肉身的兒子和聖靈的聯合）分享與三一上帝的永恆團契。然後，在這新的永恆狀態中，祂的旨意會行「在地上，

如同行在天上」。（太六 10）

回到彼得在五旬節那天的講道：他的道最後的話（徒二 36）直接談到耶穌基督是一切的主這幅圖畫。以色列的彌賽亞，人們渴望和盼望的一位，整個世界的救贖主，已經來到。人類歷史在五旬節開始的下一章，是宣告上帝在耶穌基督裏的救贖性同在，以及宣告世界的盼望正在來臨。耶穌是主。有一天，整個世界會跪下，承認祂是整個創造的主。（腓二 10～11）

現在，使徒行傳二章 38 節描述對上帝對世界的敍事那預期的回應。那就是「你們各人要悔改，奉耶穌基督的名受洗，叫你們的罪得赦，就必領受所賜的聖靈」。

從大地的眾水、從紅海、從約旦河帶來生命的同一位聖靈，也帶給我們新生命。我們受洗歸入耶穌基督。我們現在有新的身分。我們是基督的身體──教會。

教會是關於上帝在這個世界的敍事的延續。現在我們終於來到崇拜。說「崇拜實行上帝的故事」是甚麼意思？那就是：**崇拜宣告、上演和歌唱上帝的故事**。崇拜不是節目。崇拜也不是關於**我**。崇拜是敍事──上帝從世界開始到終結的敍事。如果我們不在公共崇拜中實行世界的故事，世界怎能夠認識那個故事？

結論

我的牧師朋友在我說「崇拜實行上帝的故事」時，不知道我在說甚麼，我以這個故事作為這一章的開始。在崇拜跟從文化，變得好像另一個電視節目──向宗教消費主義表演、提供娛樂和滿足──的世界，難怪甚至在神學院受過訓練的牧師對崇拜的意義也幾乎一無所知。

不過，問題還沒有這麼簡單。它去到好消息的核心。崇拜——每天、每星期、每年——植根於福音。如果崇拜不能在聖餐桌前宣告、歌唱和上演上帝不單拯救罪人，也敍述整個世界這個好消息；不單崇拜受到文化侵蝕，福音也受到文化侵蝕。不單是崇拜失去它的方向，福音的整全和崇拜實行的故事，也會失落。

因此這本書不單是關於恢復崇拜，它也是關於恢復上帝給整個世界的好消息。一旦我們恢復了上帝的好消息，祂是以自己雙手——成肉身的聖言和聖靈——挽回園子這個偉大和不可思議的消息，在知道了這個無比巨大的內容後，我們便可以再次進入崇拜的完滿。崇拜聚集人們歌唱、述說和上演上帝對世界的故事，由開始到終結。願榮耀歸與上帝，祂是存在的一切的創造主和救贖主！

註釋

1. *The Book of Common Prayer* (New York: Seabury Press, 1979), 864.

第二章 | *Worship* ***Remembers*** *the Past* |

| 崇拜記念過去 |

花點時間帶自己回到中學或大學的日子。回想你的課程。如果你的上課時間表和我一樣，它便是十分割裂的。在漫長的一天，我所上的課從來都沒有互相整合，我肯定你也是這樣。一課是歷史，然後是數學，接著是化學，隨後是語言。設計課程的人似乎從沒有坐下來問：「我們可以怎樣開展課程，讓學生可以整全地看事物？」

我提到這個例子，因為這是我們都有的經驗。支離破碎不單遍及教育，它似乎也是一般生命的一部分。而不幸的是，它也危害教會，特別是教會的崇拜。

割裂的崇拜

崇拜強調上帝故事的某一方面，而忽略了故事作為一個整體，就是**割裂的**崇拜的表徵。例如，有些基督徒團體只專注於三一的一個位格。

如果人們只是以上帝為父來崇拜祂，祂便被視為創造者──在創造中賜下美的恩賜；或愛──世上一切美善的源頭。或者上帝是仁慈的父，關心窮人和被邊緣化的人。講道、聖詩、歌曲、禱告和聖餐都會強調這些主題，號召我們關心創造，愛鄰舍，以及照顧窮人。

這些主題——創造、愛、公義和憐憫——當然是聖經的主題，應要在我們的崇拜中得到強調。不過，如果沒有道成肉身、救贖和終末再創造的超自然主題，創造、愛鄰舍和對所有人公義這些主題，便會失去它們獨特的基督教內容，它們力量只比生態、睦鄰和照顧窮人這些人文價值觀大一點兒。

也有些基督徒羣體專注於聖子的工作——將上帝當為救贖主來崇拜。偏重於聖子的死亡。祂為我們的罪犧牲。祂代替我們的位置，為我們死，滿足上帝的公義。我們站在基督的公義中。上帝透過基督的工作看我們，以致我們成了蒙赦免的罪人，透過耶穌基督得到永恆的生命。當然，這些主題都是聖經的主題。不過，在沒有創造，沒有上帝在我們的創造中道成肉身將它再創造的情況下提出這些主題，上帝的整個故事便被化約為個人主義。上帝拯救這個人或那個人，但他們都是個體，祂沒有拯救和挽回整個世界。在這些團契中，歌曲和副歌通常都以我為中心，講道往往以治療的主題為基礎，聖餐是清醒地思想耶穌的死，卻沒有提到祂的復活、高升以及肯定會回來取得祂身為所有受造物和創造的主這個地位。

還有一些團契是以聖靈為中心的。他們的著重點在於向聖靈開放，接受方言的恩賜和醫治的服事。這些顯然都是聖經的主題，不應該忽視。這些羣體沒有忽視子的工作，但對上帝的工作往往持化約、個人化的觀點，和以上描述的團契相似。而且，他們強烈強調聖靈在每個個人生命中的工作，不單將個人經驗提升到在上帝無所不包的故事之上，有時甚至排除上帝為了整個世界的故事。創造、道成肉身和整個世界的再創造被對聖靈的經驗取代時，信徒便只專注於自己的故事。

我們所有人都需要處理的問題是將上帝**整個**故事化約和弄得割裂。完整的故事是父、子和聖靈的故事。上帝創造，參與創造之中，在時間、空間和歷史中成肉身，藉以救贖和挽回世界，作為讓上帝棲居，讓人類成為祂愛和團契的羣體的園子。

總括來説，合乎聖經的崇拜所做的是：它記念上帝過去的工作，預期上帝統治整個創造，並在現在實現過去和將來，轉化個人、羣體和世界。

合乎聖經的崇拜**記念**上帝的拯救工作

記念是忘記的相反。我們忘記過去時，過去在我們生命中便死去。從人的角度看，我們大部分人在記念自己的生命、自己的家庭和自己的繼承中都感到某種喜悦。有些人花很多時間追尋自己的祖先，找出自己的世系，為兒女記錄在剪貼簿內。

聖經的記念遠遠不單是頭腦的回憶。聖經的記念將上帝的拯救事件帶到思想、身體和靈魂中。聖經的記念令那事件的能力和拯救力量存在於崇拜的羣體中。例如：我們拿起餅和酒時，藉著聖靈的能力，那些透過基督破碎的身體和流出的血而看見祂的拯救工作的人，便可以透過他們的信心接觸耶穌基督。**記念**這個詞（希臘語是 *anamnēsis*）有「使存在」、「使有生命」、「使真實」的力量。記念也是指向上帝。它説：「上帝，記念祢的拯救作為——記念祢怎樣解救我們脱離那惡者的力量和征服死亡。」

説崇拜提醒上帝可能顯得奇怪，但想一想——上帝拯救作為的內容是天上永恆崇拜的內容。上帝愛祂自己的故事。

上帝的故事是祂的榮耀，為甚麼祂不愛它？所以，我們在耶穌基督裏記念祂的拯救作為時，上帝愛我們的崇拜。我們的崇拜講述那陳舊古老的故事。那是上帝給世界的故事，那故事是崇拜的內容。透過崇拜，世界學習它自己的故事。如果我們不在崇拜實行上帝的故事，號召人們記念上帝的故事，別人怎能聆聽？

我在密歇根湖（Lake Michigan）岸邊，一個叫做貝瑟尼比奇灘（Bethany Beach）的地方，居於聚居那兒的瑞典人中間。這個地方由浸信會和立約福音派瑞典人（Evangelical Covenant Swedes）在一九〇六年建立。二〇〇七年我寫這本書時，他們慶祝一百週年。他們舉行了長達十天的節慶，滿是關於過去的演講、活動、電影、繪畫和聖像。在這個聚集了大約四百人的羣體，吸引了超過一千人前來，他們受貝瑟尼比奇灘的生命和事奉所感動，因為他們想記念。我們圍繞主題——「上帝長達一百年的信實」——聚集時，記念是很大的情感和靈性覺醒。少數人忘記了，但卻因為恢復記憶而被喚醒。有些人和我一樣，不是瑞典人，是後期才來到這個信仰羣體的，因為上帝到訪這個地方，為自己興起見證，這見證遠遠超越我們在南密歇根州佔據的幾畝地，我們因而認識那記憶並受到啟發。

崇拜也是這樣。忘記帶來死亡，但記念帶來生命。

崇拜處於它記念的故事中

聖經和古代的崇拜從來都不是關於**我和我的崇拜**。相反，聖經和古代的崇拜總是關於**記念上帝在歷史中的所有拯救行動**。（很明顯，崇拜與我對上帝在歷史中的拯救行動的信心回應有關。）

舊約申命記六章有一段經文清楚闡述崇拜的記念模式。在這裏上帝指示摩西怎樣記念。上帝自己知道忘記的死胡同，因此祂告訴摩西：

> 日後，你的兒子問你說：「耶和華——我們上帝吩咐你們的這些法度、律例、典章是甚麼意思呢？」你就告訴你的兒子說：「我們在埃及作過法老的奴僕；耶和華用大能的手將我們從埃及領出來，在我們眼前，將重大可怕的神蹟奇事施行在埃及地和法老並他全家的身上，將我們從那裏領出來，要領我們進入他向我們列祖起誓應許之地，把這地賜給我們。耶和華又吩咐我們遵行這一切律例，要敬畏耶和華——我們的上帝，使我們常得好處，蒙他保全我們的生命，像今日一樣。我們若照耶和華——我們上帝所吩咐的一切誡命，謹守遵行，這就是我們的義了。」（申六 20 ~ 25）

在這個勸誡中，我們看到不單崇拜處於記憶中，靈性和倫理也建基於引發正確的信仰和順服的生命的記憶。

這同一個主題，亦即崇拜、靈性和倫理的綜合，在彼得寫給受尼祿迫害、面對忘記的威脅的基督徒那段感人的經文中連繫起來。彼得告訴他們：

> 惟有你們是被揀選的族類，是有君尊的祭司，是聖潔的國度，是屬上帝的子民，**要叫你們宣揚那召你們出黑暗入奇妙光明者的美德**。你們從前算不得子民，現在卻作了上帝的子民；從前未曾蒙憐恤，現在卻蒙了憐恤。

> 親愛的弟兄啊，你們是客旅，是寄居的。我勸你們要禁戒肉體的私慾；這私慾是與靈魂爭戰的。你們在外邦人中，應當品行端正，叫那些毀謗你們是作惡的，因看見你們的好行為，便在鑒察的日子歸榮耀給上帝。（彼前二 9～12；粗體為引者所加）

正如上面引述那段舊約經文一樣，彼得將記憶與崇拜、靈性及倫理學連在一起。我們記念上帝大能、拯救的作為時，便得到啟發崇拜祂，默想祂大能的作為，並順從祂。記念就是那麼有力！

拿起你喜歡的經文彙編——史特朗氏（Strong）或楊氏（Young）或較簡單的版本——翻查**記念**這個詞。你便會找到聖經中的人在崇拜中做甚麼；他們記念上帝在歷史中的拯救行動。如果你繼續讀下去，你會發覺與這記念連繫在一起的，是關於靈性和倫理學的指示。考慮一下這幾段來自申命記的相關經文：

- 記念上帝怎樣在何烈山可畏地出現在你們面前。（四 10）
- 記念上帝怎樣救贖你們脫離埃及的奴役。（五 15，十五 15，十六 12，二十四 18，二十四 22）
- 記念祂徹底擊敗法老的大能。（七 18）
- 記念上帝帶領你們經過曠野四十年期間怎樣供應你們。（八 2）
- 記念上帝怎樣給你們能力製造財富，正如祂向你們列祖起誓那樣。（八 18）
- 記念上帝怎樣給你們土地，是因為祂是誰，而不是因為你們做了甚麼。（九 7）

- 記念上帝怎樣在你們眼前向你們顯示祂的大能。（十一 2～7）
- 記念你們的上帝的逾越那匆促和災難。（十六 3）
- 記念上帝折磨和醫治人的能力，正如祂對米利暗那樣。（二十四 9）
- 記念以前的日子。（三十二 7）

新約以「不會忘記的那一位」來呈現上帝。馬利亞的整首歌——尊主頌——是讚美那位記念自己的應許的上帝。懷著禱告的心，思想這段榮耀的經文，它讓我們看到上帝的行動，我們也要記念這行動。一直以來，馬利亞的歌都在崇拜中被頌唱出來，一如在每本禱文集所記錄的那樣：

我心尊主為大；
　我靈以上帝我的救主為樂；
因為他顧念
　他使女的卑微；
從今以後，萬代要稱我有福。
　那有權能的，為我成就了大事；
　他的名為聖。
他憐憫敬畏他的人，
　直到世世代代。
他用膀臂施展大能；
　那狂傲的人正心裏妄想就被他趕散了。
他叫有權柄的失位，
　叫卑賤的升高；
叫飢餓的得飽美食，
　叫富足的空手回去。

他扶助了他的僕人以色列，
　為要記念亞伯拉罕和他的後裔，
施憐憫直到永遠，
　正如從前對我們列祖所說的話。（路一 46～55）

看看使徒行傳五段早期的基督教講章——每一段都建基於回憶上帝在歷史中怎樣行動，以及現在怎樣在耶穌基督裏行動，拯救世界脫離罪和死。（參徒二 14～36，三 12～26，四 8～12，五 29～32，七 2～3）我會引述最短的一段，顯示聖經講道的核心——那好消息。這些講道全都強調，我們要怎樣記念以前的時間怎樣在耶穌基督裏實現，新時代已經來到，我們蒙召悔改和順從耶穌，以祂為主。

彼得和眾使徒回答說：「順從上帝，不順從人，是應當的。你們掛在木頭上殺害的耶穌，我們祖宗的上帝已經叫他復活。上帝且用右手將他高舉，叫他作君王，作救主，將悔改的心和赦罪的恩賜給以色列人。我們為這事作見證；上帝賜給順從之人的聖靈也為這事作見證。」（徒五 29～32）

然後想想耶穌在馬太福音二十六章 26 至 29 節給門徒的勸告。祂說你們也有方法記念祂。保羅在關於主餐的經典話語重拾記念這個主題：

我當日傳給你們的，原是從主領受的，就是主耶穌被賣的那一夜，拿起餅來，祝謝了，就擘開，說：「這是我的身體，為你們捨的，你們應當如此行，為的是記念我。」飯後，也照樣拿起杯來，說：

「這杯是用我的血所立的新約，你們每逢喝的時候，要如此行，為的是記念我。」你們每逢吃這餅，喝這杯，是表明主的死，直等到他來。（林前十一 23～26；粗體為引者所加）

崇拜怎樣記念上帝的拯救行為

關於崇拜怎樣記念上帝的拯救行為這個問題，我們同樣發現以色列和教會的崇拜有引人注目的一致性。簡單來說，上帝的拯救工作是透過**敘述歷史**和**戲劇重演**得到記念。

透過敘述歷史實行記念

在希伯來人和基督徒的崇拜，上帝的拯救行動都透過講道、信經和歌曲的敘述而得到記念。我只需舉三個例子已經足夠。

1. **講道**。敘述從而記念上帝在歷史中代表上帝子民行動，其中一個主要方法是講道。整卷申命記是一篇講章。這篇講章重述上帝為以色列所實行的偉大拯救行動。它以這些驚人的話作結：

以後以色列中再沒有興起先知像摩西的。他是耶和華面對面所認識的。耶和華打發他在埃及地向法老和他的一切臣僕，並他的全地，行各樣神蹟奇事，又在以色列眾人眼前顯大能的手，行一切大而可畏的事。（申三十四 10～12）

我在前面提過使徒行傳的五篇講章——它們都講述上帝偉大的拯救行動。在整本聖經，講道總是關於上帝，以及祂怎樣進入世界的歷史拯救和挽救它。今天十分需要恢復聖經的講道——講述上帝的拯救大能。

2. **信經**。兩約都有信經，是作為崇拜的一部分而被背誦出來的。由於崇拜記念上帝的拯救行動，信經是聲音的見證，見證上帝長久的活動，為世界帶來祂的目的。最令人震驚的希伯來信經出現在申命記二十六章5至9節：

> 我祖原是一個將亡的亞蘭人，下到埃及寄居。他人口稀少，在那裏卻成了又大又強、人數很多的國民。埃及人惡待我們，苦害我們，將苦工加在我們身上。於是我們哀求耶和華——我們列祖的上帝，耶和華聽見我們的聲音，看見我們所受的困苦、勞碌、欺壓，他就用大能的手和伸出來的膀臂，並大可畏的事與神蹟奇事，領我們出了埃及，將我們領進這地方，把這流奶與蜜之地賜給我們。

這信經由崇拜者在初熟節時背誦。崇拜者將一籃初熟果子帶給祭司，祭司將果子放在祭壇前。然後崇拜者說出信經，繼而說：「耶和華啊，現在我把你所賜給我地上初熟的土產奉了來。」（申二十六 10）接著祭司將這些禮物分給窮人——顯示崇拜作為感謝上帝的良善，以及崇拜作為延續上帝以公義對待窮人和有需要的人之間的關係。

新約也有類似對上帝拯救行動的總結，是使徒信經的先聲，這信經總結了上帝在歷史中的行動。其中一段這樣的新約經文是提摩太前書三章16節：

> 上帝在肉身顯現，
> 　被聖靈稱義，

被天使看見，
　被傳於外邦，
被世人信服，
　被接在榮耀裏。

3. **歌曲**。聖經裏滿是紀念上帝在歷史中的行動的歌曲。如果你有時間，可以閱讀和研究詩篇，藉此作為靈修的挑戰。留意有多少詩篇講述上帝的拯救行動，並讚美上帝以多種方式介入歷史，拯救以色列和世界。舊約有一首偉大的聖詩，是幾乎所有基督徒都認識的，那就是摩西和米利暗之歌，這首歌歡慶紅海的經歷，顯示以色列從埃及人中得到大大的解救。那首歌以這些話開始：

我要向耶和華歌唱，
　因他大大戰勝，
將馬和騎馬的
　投在海中。（出十五 1）

在講述上帝的拯救後，這首歌這樣結束：

你們要歌頌耶和華，
　因他大大戰勝，
將馬和騎馬的
　投在海中。（出十五 21）

新約也有歌曲頌讚耶和華在歷史中的工作。稱為「基督詩歌」的歌曲特別突出，它們強調上帝降入到我們的歷史中，為自己挽回世界；又勝過敵人而高升統治世界。這些聖詩中最著名的是保羅在腓立比書二章 6 至 11 節所寫的那一首：

他本有上帝的形像，
　不以自己與上帝同等為強奪的；
反倒虛己，
　取了奴僕的形像，
　成為人的樣式；
既有人的樣子，
　就自己卑微，
　存心順服，以至於死，且死在十字架上。
所以，上帝將他升為至高，
　又賜給他那超乎萬名之上的名，
叫一切在天上的、地上的，和地底下的，
　因耶穌的名無不屈膝，
無不口稱「耶穌基督為主」，
　使榮耀歸與父上帝。

這些講道、信經和歌曲，只是透過歷史的崇拜記念上帝的眾多例子的其中幾個。它們應該提醒我們，記念不單是重述歷史資料，而是回憶上帝在歷史中工作，拯救一個民族，最終並拯救整個世界。這種記念創造生命，防止上帝的羣體遺忘——因為遺忘是確定的死亡標記。重述歷史彷彿還不足夠，上帝給我們另一個方法記念祂偉大的拯救行動——**戲劇重演**。

透過戲劇重演而記念

正如敍述歷史不是重複資料事實，戲劇重演也不單是過去的歷史事件的空洞象徵。相反，戲劇重演吸引崇拜者採取行動，不是成為觀察者，而是成為參與者。希伯來和基督教崇拜都聚焦於在敬拜羣體中上演上帝的拯救事件。戲劇重演的最突出例子，可以在希伯來獻祭禮儀和主餐、希伯來的逾越節和初期基督徒羣體發展的復活節大守夜（Great Paschal Vigil）、希伯來年曆的神聖周期和基督教年曆的周期之間的對應找到。

首先，讓我們看**希伯來崇拜的獻祭禮儀和主餐**怎樣擔當上帝拯救工作的戲劇重演。篇幅所限，我不能在這裏詳述所有舊約的獻祭和禮儀，但它們上演的是一種對上帝的**態度**。正如希伯來書的作者說，這些禮儀是「將來美事的影兒」（來十 1）。也就是說，這些禮儀指向基督，指向祂為了世界的生命而流血。在舊約的崇拜，流血的禮儀建基於上帝和以色列之間的約。（出二十四 1～8）這些禮儀確定那約，並清楚表明「若不流血，罪就不得赦免了」（來九 22）。雖然所有獻祭的禮儀都指向基督為世界的罪犧牲，但沒有一個禮儀比在贖罪日上演的禮儀更為深刻。在這天，大祭司進入至聖所，代表祭司階級獻上一隻山羊。在另一個禮儀，大祭司按手在第二隻山羊上，藉牠代替承認和擔當全國的罪。這隻山羊——代罪羔羊——背負著百姓的罪被趕到無人居住的曠野。第一隻羊被獻上，象徵以血贖罪；第二隻羊被驅趕，象徵罪被除去。（利十六 7～10）

讓我們比較舊約上演獻祭和我們基督徒在聖餐桌所做的事。主餐是重演基督為世界的罪犧牲自己的崇拜禮儀。那是重演基督的犧牲的主要方法，這犧牲滿足了所有希伯來獻祭的指望。基督所獻的血祭的這個重演，帶著傳統的力量臨到我們。我所說的傳統是指：「這樣做是至關重要的。」保羅宣稱是從主親自吩咐經常守主餐這個命令。

> **我當日傳給你們的，原是從主領受的**，就是主耶穌被賣的那一夜，拿起餅來，祝謝了，就擘開，說：「這是我的身體，為你們捨的，你們應當如此行，為的是記念我。」飯後，也照樣拿起杯來，說：「這杯是用我的血所立的新約，你們每逢喝的時候，要如此行，為的是記念我。」你們每逢吃這餅，喝這杯，是表明主的死，直等到他來。（林前十一 23 ~ 26；粗體為引者所加）

並非所有基督徒羣體都服從這個守聖餐的命令。例如：我曾經向一羣牧師講述主餐有著一份力量，可以傳達耶穌的死的意義。我促請他們更頻密地重演主餐，因為這是主的命令，它也能夠帶領我們去到上帝故事的核心。一位牧師被我對主餐的強調感動，說：「我真的喜歡你所說關於主餐的話。我們教會一年守一次主餐——在大除夕。我不認為會友有興趣更頻密地守主餐。你可以提議另外一個禮儀，是我的會友會接受，而又有同樣效果的嗎？」當然，我感到震驚，並向他保證，沒有禮儀可以取代主餐。

聖經的崇拜第二個重演的例子是**希伯來的逾越節和它在基督教逾越節中的完滿**。大部分讀者應該都參與過逾越節的記念活動（以某種經已基督教化形式來記念逾越節），但很少更正教徒熟悉復活節大守夜。守夜的來源可以在哥林多前書五章 7 至 8 節找到：「因為我們逾越節的羔羊基督，已經被殺獻祭了。所以我們守這節。」基督徒顯然從教會最初開始時便以一個一年一度的節日來標誌基督受死的日子。

以這本書的篇幅考察基督教逾越節的發展會過於繁複。它與初信者和使他們全面投入教會生活的慕道過程有關。那高峯的崇拜稱為復活節大守夜，是整晚的崇拜，始於復活節前夕的黑夜，結束於復活節主日的清晨。這崇拜包括四部分，它們交織在一起，隆重地重演耶穌的死亡和復活的事件，以及信徒被歸入祂的死亡和復活，這死亡和復活是祂代替我們和為了世界的生命而擔當的。復活節大守夜的四部分是：

1. 光明的崇拜
   點火是復活的顯示。
2. 讀經的崇拜
   從創造、墮落、上帝介入以色列以及上帝透過耶穌基督在我們的歷史中道成肉身，閱讀上帝的故事。
3. 洗禮的崇拜
   太陽開始在東方升起時，經過慕道過程，受訓成為耶穌的門徒的新基督徒受洗歸入耶穌的死亡和復活。
4. 復活節的聖餐禮
   宣告基督從死裏復活，教會聚集在一起守主餐——祂復活的喜樂聖餐禮。

第三個重演的例子，顯示希伯來和初期基督教崇拜之間的對應可以在**希伯來人和基督徒標記時間的方式**中找到。希伯來信仰，根據每天、每星期和每年的系統，將時間理解為各有神聖意義和行動的時刻。猶太人每天的禱告是圍繞黃昏和早上來安排的。在基督教傳統發展日常禱告操練的過程時，也是圍繞黃昏和早上來安排禱告的時間，這兩段時間包含回想上演死亡和復活的禱告。教會也繼承了希伯來每周的安息日崇拜。星期六當然是希伯來人休息的日子。上帝在六日完成祂創造的工作，第七日便休息。但基督徒的崇拜在主日，一星期的第一日，根據希伯來人計算時間的方式，那天是工作天。為甚麼大部分基督徒都在主日而不是星期六崇拜？原因有兩個：首先，那天是復活的日子。第二，那天是再創造的日子。復活象徵新的開始、新的創造、新的出發。因為這個原因，古代的基督徒稱主日為**第八日**。它將上帝創造的第一天和祂在首先創造後休息的第七天結合起來。在初期的基督徒心目中，第一天（創造的象徵）加上第七天（安息日的象徵）是第八天，那天上帝再創造，開始祂挽回和重奪世界的工作。

希伯來人也有標誌每年的時間的方法。這些重演都歡慶上帝在以色列的生命中同在，包括好像歲首節（Rosh Hashanah；一年的第一天）、贖罪日（Yom Kippur）、住棚節（Hag Hassukkot）、逾越節（Pesach）、五旬節（Hag Shauu'ot）等事件。基督徒跟隨猶太人以上帝的拯救事件標誌時間的原則。基督教年曆在教會最初的幾個世紀建立起來，以將臨節（Advent；等候彌賽亞）、聖誕節（彌賽亞已經來到）、主顯節（Epiphany；彌賽亞顯明是為了整個世界）、大齋期（Lent；預備耶穌的死）、聖週（Holy Week；重演最後一週和拯救事件）、復活節（歡慶復活）、升天節（Ascension；耶穌在榮耀中升天，在父右邊為我們代求）和五旬節（Pentecost；聖靈以新的方式來臨）來構成一年的循環。

我不單簡單地顯示了聖經的崇拜**記念**上帝在歷史中的拯救行動，我也顯示記念發生的兩種主要方式是透過**敘述歷史**和**戲劇重演**。不過，我們不應該視這些行動為只是資料或戲劇片段的事件。它們有力地宣告和上演與上帝那賜生命的交往，祂在歷史中行動，拯救祂的創造和受造物。

總結

在這一章，我處理了「崇拜**怎樣**實行上帝的故事？」這個問題。我藉著指出記念這個聖經的主題回答這個問題。崇拜透過敍述歷史和戲劇重演記念上帝的故事。我們歌唱、傳講、敍述和上演上帝偉大的拯救行動這個故事。這個主題一再在聖經出現，從挪亞時代的崇拜開始，到以色列的所有崇拜，教會的崇拜，以及在天上永恆的崇拜。

不過，記念上帝的拯救行動並沒有窮盡聖經的崇拜。崇拜也實行上帝的故事的另一方面——**崇拜預嘗將來，以及耶穌對再創造的宇宙的統治**。這是下一章的主題。

第三章 | *Worship* ***Anticipates*** *the Future* |

| 崇拜預嘗將來 |

上帝為祂的世界預備一個將來。因此，上帝的整個故事並不完全包括在過去的事件中。主日學的孩子也明白這點。上帝在過去和現在的事件中工作，藉以帶來這個將來。以神學語言來說，我們稱對將來的興趣為終末論（*eschatology*）。希臘語 *eschaton* 的意思是「將來」，而 *ology* 是「研究」。因此終末論是研究將來的事件。

二十世紀中期我在神學院就讀。當時終末論表示列出末時事件：被提、主再來、哈米吉多頓大戰，以及所有環繞被稱為**末日**的事件。人們肯定仍然對這些事情感興趣，正如《末日迷蹤》（*Left Behind*）系列廣受歡迎，以及現時圍繞中東的政治事件所顯示的那樣。不過，如果被問及：「終末論與崇拜有甚麼關係？」時，大部分人都很可能會回答：「你在崇拜講道中提及它。」這當然是真的。但卻不全然是真的。

崇拜的終末性質不單是宣講關於將來事件的講道。終末崇拜的內容與上帝拯救整個受造秩序，在整個天地建立祂的統治有關。崇拜的終末性質與上帝的統治**行在地上如同行在天上的時間和地點**有關。

崇拜記念過去。是的。但它總將過去連繫到將來。上帝在歷史中行動，藉以挽回祂的國度。崇拜在過去和現在中帶來這種連繫，因為崇拜歡慶上帝過去的拯救行動，而這行動在將來達到高峯。[1]

對將來抱有盼望是探討上帝在歷史中的目的，並**預視**一個和平的世界，樂園得恢復，天地由上帝統治。我們必須深入對這拯救事件的回憶，藉以看見上帝將來的異象。接著我們必須轉向上帝對世界的異象，並問：「崇拜怎樣征服我們裏面所產生的沙漠，再次生出繁盛的信心和盼望？」

當然，我們都可以指出我們在歌曲、講道和聖餐中經驗的意象，是指向前面的盼望的。我們有多少人聽過朋友和親人聚集在臨終的人牀前唱：「主的號角吹響，時間不再」的故事？我們有誰沒有聽過牧師在喪禮中談及死後的生命？當然，我們也在主餐聽到：「你們每逢吃這餅，喝這杯，**是表明主的死，直等到他來**。」（林前十一26，粗體為引者所加）

不過，聖經的故事相當深刻，比偶然或甚至經常提到天堂和信徒在永恆天堂的地位深刻得多。在這一章，我想揭示上帝怎樣透過我們的崇拜，顯明祂的異象，並在這些啟示中看到上帝的異象那更大的深度。我只能夠介紹這個主題，因為將盼望解釋為上帝三一的故事，以及崇拜上帝必不可少的特點，遠遠超出了這本書的範圍。

怎樣預嘗上帝對創造的異象

研究上帝對世界的異象，要從創世記對創造的記述開始。在上帝於每天的創造的故事裏，我們看到世界曾經是怎樣，以及會再次變成怎樣。在創造和再創造的記述之間是墮落，也當然有上帝在耶穌基督裏拯救和挽回世界的工作，實現上帝原來對創造和受造物的異象。

創世記對創造的描述，第一個而且是最明顯的含義是：宇宙是因為**神聖的**選擇而受造。主要的問題是**誰**造世界。是上帝採取行動造光，將諸水分開，令乾地出現，令土地生出植物，將白晝從黑夜分開，創造海裏的魚和空中的鳥，創造動物，創造男人和女人，並在最後休息。

強調**上帝**作為創造者是最重要的，不單在聖經時代是這樣，今天也是這樣。**以前和現在的虛假宗教，都將創造主和救贖主區分開來**。在這種區分中，創造主成了世界上邪惡的來源。這種思想方式，將救贖主從創造主區分出來——救贖主對抗創造主。在這救贖的二元局面中，總有一種諾斯底形式的拯救，將人**從這個世界中**解救出來。根據聖經的信仰，救贖主拯救創造。創造本質上不是邪惡的；它是上帝美麗的傑作，被邪惡的力量破壞。創造主上帝令祂自己的創造脫離罪的蹂躪，並重造它。解救是**為了世界**。

現今的靈程學，大部分都是**恢復創造主上帝和救贖主上帝的區分**。在古代的諾斯底主義，正如在新紀元靈性中一樣，屬靈生命總是一種逃脫，它從來都不是號召人們活在世上，順從上帝對世界的目的。

與諾斯底主義者不同，基督教信仰並不將創造主和救贖主區分為兩個神。只有一位上帝，祂既創造又救贖。使徒信經源自初期基督徒與諾斯底主義者的鬥爭。這信經的第一句話拒絕諾斯底的二元論，肯定創造主和救贖主的統一：「我信上帝，全能的父，天地的**創造者**。」肯定創造是由**上帝**進行是深刻的，因為它承認世界的神聖開始，並肯定上帝對世界的異象首先在創造的禮儀中提出。（創一～三章）創造本身顯明上帝自己創造，事物的物質秩序有神聖的來源和目的。

我們不能完全明白創造的**神聖**開端，除非我們將這些開端連繫到創造的第二個詞——設計。我們居住在其中的世界由上帝創造，它不是混亂和無意義的世界；而是有秩序的世界。因此創造反映了設計。創造的故事描述**神聖設計**的目的和意願。上帝創造世界和諧地運作，令由祂的設計模塑的人類存在，也令根據祂設計的創造秩序存在。創造的一切都有地位、功能和意義。居住在世界上的一切都要根據由上帝命定的設計而運作。人類蒙召延續上帝的目的而生活。不理會上帝，根據自己的衝動和任性而生活的人，破壞上帝的意願，扭曲上帝對祂的創造的目的。

如果創造的禮儀表達對整個創造的**神聖設計**，那對崇拜有甚麼話說？那表示崇拜不是拼揍而成，而是像其餘的創造一樣，有秩序和反映神聖的設計。對我們來說，它表示崇拜應該實行上帝的敍事，指向將來，那時創造從罪中得解救，會回復到上帝原來的設計。在這個世界，總有對世界得挽回的見證，你應該可以在教會的崇拜中找到這見證。

知道崇拜應該**展望上帝為歷史和世界預備的將來**，打開一扇窗，讓我們以新的方式看我們在崇拜中做甚麼。崇拜是建立世界的，因為它展示再創造的工作，那是上帝以祂雙手——成肉身的聖言和聖靈——實現的。

崇拜如何讓人持續預嘗上帝對世界的異象

創世記記述了創造的目的是**榮耀頌歌**（doxology；亦即正確的讚美）；它呼召我們進入讚美的心境。榮耀頌歌是我們對上帝的故事的回應。它接受上帝的故事，將之視為上帝揭示祂對創造的意願的方式。因此基督徒的創造榮耀頌歌是一種方式，讓人認識和肯定上帝在世界的道路。榮耀頌歌是那道路，讓我們暫時經驗上帝令所有創造完美時那永恆的國度。

這個對世界的異象，首先在創世記的禮儀中向我們顯明，現在繼續在崇拜中重塑。當崇拜記念過去時，它為了上帝在歷史中的工作，從而已經開始挽回世界而讚美祂。崇拜預示將來，在世界的完全轉化中尋求上帝所有工作的高峯，藉著聖靈的能力上帝在耶穌基督裏的工作得以完成，崇拜藉以見證基督勝過所有執政掌權的，並宣告祂現在是宇宙的主，統治整個創造。

考慮一下這點：上帝的異象始於創造的禮儀，在其中，上帝開始祂對世界的目的。世界要成為展示祂榮耀的舞台。上帝棲居在世界中。上帝與祂的造物有親密的團契；祂呼召他們照顧大地，開啟創造的寶庫，與祂合作創造文化，建立文明，居住在世界上，讓上帝的光輝和榮耀棲居在世界上。

另一方面，上帝的異象在樂園得恢復的榮耀圖畫中達到高峯。所有創造都得安息。上帝最初的創造目的，其和諧及設計，現於各處生動地展示出來。正如創世記的禮儀一樣，啟示錄是對上帝將來的世界的禮儀。這卷書的主要目的，不是提供歷史或科學資料；它是一卷關乎榮耀頌式讚美的書。它是一本崇拜手冊！

例如：與以色列所立的每一個約都是崇拜事件。將創造的記述當為禮儀事件來閱讀，在其中上帝與大地和造物立約，在神聖的設計下建立大地和人類羣體。

自從墮落開始，所有以色列的約和所有源自那些約的崇拜，都要求我們留意上帝對世界的意願。崇拜繼續展示上帝的異象：有新天新地，上帝的子民這個永恆羣體與上帝團契，在地上實行上帝的旨意，行在上帝的路上，實行創造的異象。

在以色列所有崇拜對世界的異象中，我們看到將來的世界。會幕和聖殿禮儀顯示那獻祭的方式——上帝打開天上的窗戶。逾越節顯示祂的救贖，贖罪日顯示祂的赦免。妥拉顯示個人現在在世上應該怎樣正義和公義地生活，預嘗將來的世界的模樣。

在耶穌基督裏的新約，我們看到上帝會怎樣實現祂對世界的異象。耶穌基督藉著為罪犧牲，贏得對邪惡的執政的一場重大的勝利。崇拜歌唱，聖經宣告，聖餐禮上演，基督教年曆講述上帝對這個世界的異象。它講述上帝怎樣征服所有邪惡力量——那些繼續尋求打破祂的神聖設計的執政及掌權的。它講述基督怎樣以祂的十字架和復活克服這些執政的。它講述基督怎樣為歷史和祂的世界建立一個新的開始。它歡慶基督勝過罪和死亡，頌揚耶穌基督重新設立首先在創造的禮儀中開始的異象。這樣，在以色列和教會的崇拜中，上帝對世界的異象都讓人知道。我們現在看幾個具體的例子。

安息日讓人預嘗上帝對世界的異象

創造的禮儀展示一個有秩序的世界，一個禮儀的世界，以及一個關係的世界。上帝的設計的這些主題在安息日中連結起來。

例如：我有幸與一個正統的猶太人成為朋友。在那正統的生活方式裏，他的衣著和行為是屬於比較自由的一派；不過，他仍然持守猶太羣體在歷史上的屬靈傳統——有一間符合猶太教教規以潔淨食物的房子（Kosher house），並守所有筵席和節期，每星期都參加猶太教的禮儀，包括安息日。

有一次我在他家裏，他將手搭在我肩膀上，正眼看著我說：「羅伯特，你知道為甚麼猶太人那麼喜歡安息日嗎？」

「唔，」我說：「我不肯定應該怎麼說。」

「安息日，」他說：「是關乎關係。與上帝的關係，與我們信仰羣體的關係，與我們家人——配偶、兒女、孫兒女——的關係，與大自然和上帝的美的關係。我們整天都不做任何工作，將時間花在進食（前一天預備的食物）、聆聽好的音樂和到會堂上。」

他告訴我的是：「安息日讓我們預嘗永恆的安息。」

聖殿的空間讓人預嘗上帝對世界的異象

關於舊約的崇拜，有一點是鮮為人知的，那就是將來在會堂的空間和建築中具象化。我們可以走入崇拜的空間，看見上帝將來的世界而滿懷敬畏，在那個世界祂的榮耀充滿天地。

例如：我在北部神學院的學生斯特爾瓦根（Barb Stellwagen）給我以下這個電郵。在這段短短的話中她捕捉了我們崇拜時可以怎樣在空間中經驗上帝的威嚴和榮耀：

> 吉姆和我剛從奧地利回來，我們在那裏看了很多非常漂亮和裝飾華麗的大教堂。以前我看著這些建築物時，會認為那是浪費……美麗……但我認為那只是空洞的宗教。但上過你的課後，我有不同的看法。我走進那些大教堂時，我真的有預備崇拜的感覺。它提醒我，自己正進入萬王之王的同在。它在我靈裏產生對惟一配得到這一切榮耀的那一位的敬畏。在奧地利，看過國王和皇帝的王宮，以及他們為自己取得的所有輝煌後，萬王之王的「居所」應該宏偉和美麗，這似乎是再也恰當不過的。描述聖經故事的大圖畫令一切都栩栩如生。我發覺即使我完全不明白那些德語文字，也受到吸引去崇拜。

> 有一天，在奧地利的因斯布魯克（Innsbruck），我們在彌撒快要開始時到了一間大教堂，小小的詩班在結他伴奏下正在帶領敬拜。導遊竟然膽敢在會眾預備崇拜時帶領我們的旅行團走到大教堂前面。她站在那裏詳細講解聖所，似乎沒有理會在她周圍開始的崇拜。我們的旅行團在大教堂前面拍照和談話時，我站在一旁，感到很尷尬。我覺得我們在騷擾崇拜。我靠在其中一條巨大支柱時，嘗試不理會旅行團，專注在唱歌的詩班員身上。我聽著音樂在那不可思議的空間迴響時，深深感受到上帝自己的美麗和威嚴，並流下淚來。我不想離開那個地方。我們走到外面時，鐘樓的鐘聲開始響起，號召信徒聚集（聲音十分響亮和充滿喜悅）。後來我知道那是一堂特別的崇拜，為年青人會加入教會而禱告。
>
> 無論怎樣，我只是想多謝你打開我的眼界，讓我看到聖像和禮儀崇拜的美，以及在崇拜的空間製造敬畏感覺的重要性。[2]

她完全沒有錯失重點！

惠頓學院的新約教授比爾（Greg Beale）寫到，猶太傳統的會幕和聖殿的設計，怎樣象徵性地指向上帝在所有創造中的同在。他也指出約翰的啟示錄十二章描述新天新地是終末的聖殿。聖殿這舊約崇拜的空間，持續提醒人們上帝對創造的目標——更新和得挽回的創造，在每一方面都實現歷史的整體目標，這個目標由上帝和祂的兒子及聖靈制訂。在以色列中，聖殿作為令人振奮的見證，見證上帝在時空中做甚麼，藉以在地上實現祂的目的。比爾寫道，聖殿是「整個天地的縮影」。[3]

> 我們的論點是，以色列的聖殿由三個主要部分組成，每個部分都象徵宇宙的一個主要部分：一、外院代表可以居住的世界，人類居住在其中；二、聖所象徵可見的諸天和它的光源；三、至聖所代表宇宙不可見的方向，上帝和祂的天軍居住在那裏。[4]

這三個基本的區分——外院、內院、至聖所代表上帝的整個宇宙：外院代表自然大地；內院象徵可見的眼；至聖所代表宇宙不可見的部分。「以色列的聖殿是天地的一個細小模型，指向上帝同在這個末時的目標，那時祂在整個創造中棲居，而不單棲居在聖殿後面的房間。」[5]因此，「將聖殿理解為整個宇宙的細小模型，是一個更大的視角的一部分，在其中聖經前瞻一個巨大和全球性的聖所，在其中上帝的同在棲居在宇宙的每一部分。……約翰後來描述整個新天新地是一個巨大的聖殿，上帝居住在其中，就好像上帝以前居住在至聖所一樣。」[6]

在聖殿的榮美裏，上帝讓祂的子民看見新天新地。歷世的基督教教堂，也在崇拜的空間中生動地保留了上帝的異象。可惜現代和當代的教會很大程度上都無視上帝的宇宙異象，將空間化約成功利的用途。我們現在生活在歷史上更重視視覺的時期，較年青的領袖尤其能夠重新發現空間怎樣說話，再次尋求重新發現聖經和歷史的崇拜。

聖潔的生活讓人預嘗上帝對世界的異象

崇拜和聖潔的生活總是在上帝的約中連在一起，無論是新還是舊的約。例如：聖經一段我很喜歡的崇拜經文是彼得前書二章 9 節：「惟有你們是被揀選的族類，是有君尊的祭司，是聖潔的國度，是屬上帝的子民，要叫你們宣揚那召你們出黑暗入奇妙光明者的美德。」這段經文有終末的含義——我們將它與其他關於崇拜的經文一併閱讀時，它談及上帝的所有子民最終脫離罪和死亡的權勢。

但這段關於崇拜的清楚經文不單指向上帝將來對萬物的統治，也直接引導崇拜者進入聖潔的生活，而這是崇拜的直接結果，並預嘗在上帝終末領域中的生命。彼得在給予關於崇拜的指示後隨即說：「親愛的弟兄啊，你們是客旅，是寄居的。我勸你們要禁戒肉體的私慾；這私慾是與靈魂爭戰的。你們在外邦人中，應當品行端正，叫那些毀謗你們是作惡的，因看見你們的好行為，便在鑒察的日子歸榮耀給上帝。」（彼前二 11～12）崇拜不單指向所有歷史在新天新地中達到頂峯，它也模塑上帝子民的倫理行為，藉以在地上反映國度的倫理。因此，教會的倫理生活是對世界的終末見證，見證人應該怎樣生活，以及世界在上帝統治下會怎樣。

結論

在本書第二和第三章，我介紹了上帝對世界的異象怎樣在崇拜中得到記念和預嘗。崇拜完全是關於上帝怎樣以祂雙手——成肉身的聖言和聖靈——拯救世界。聖經的上帝是活躍的上帝——祂創造，積極投入世界，拯救祂的創造脫離罪和死亡，在新天新地中令世界恢復為樂園，甚至超越樂園。祂拯救行動的中心是道成肉身、死亡和復活，在其中罪和死亡被打敗，而且受造物和創造的解救會開始，這解救並會在歷史終結時達到高峯。

現時，崇拜見證這異象。在崇拜中，我們**記念**上帝在歷史中的救贖工作。我們特別記念以色列的故事，以及它怎樣是一種基督事件，指向圍繞耶穌基督的生命、事奉、死亡和復活的拯救事件。我們也**預嘗**將來。崇拜將過去和將來連繫起來，因為在崇拜中上帝重塑祂原本的異象。不過，我們很多教會的崇拜都沒有模造上帝對世界的異象。

註釋

1. 關於這些主題的詳細討論，參 Samuel F. Balentine, *The Torah's Vision of Worship* (Minneapolis, MN: Fortress Press, 1999)。我感謝他提出這些洞見。
2. Barb Stellwagen 給作者的個人電郵，2006 年 9 月 16 日。
3. G. K. Beale, *The Temple and the Church's Mission: A Biblical Theology of the Dwelling Place of God* (Downers Grove, IL: InterVarsity Press, 2004), 31.
4. Beale, *The Temple and the Church's Mission*, 32～33.
5. Beale, *The Temple and the Church's Mission*, 60.
6. Beale, *The Temple and the Church's Mission*, 48.

第四章 | *How the* ***Fullness*** *of God's Story Became Lost* |

| 上帝故事的**完滿**怎樣失落 |

我向學生或小組説話時，他們都似乎不能很快地掌握聖經有關崇拜的資料。我有一個很出色的學生，在上了三個學期的崇拜研究後對我説：「我花了三個學期才明白你説甚麼，而這對我的事奉帶來革命性改變。」

為甚麼人們那麼難掌握古老崇拜的神學？我認為其中一個原因，是我們傾向成為新約基督徒而不是聖經基督徒。我們不理會舊約的崇拜指示，因為我們認為舊約在耶穌裏得以實現。因此，我們不以聖經作為上帝的整個故事來閱讀。我們不將創造禮儀連繫到上帝對世界的目的，因此我們不留意上帝怎樣在歷史中工作，救贖和拯救整個世界，實現祂的創造異象。這是古代教會那諾斯底異端的問題——他們拒絕整部舊約。我們沒有拒絕舊約，但至少我們忽視了上帝的異象這個創造故事，忽略了上帝的目的怎樣在以色列中實行出來。

為了更全面掌握上帝的異象怎樣在崇拜中失落，我在這一章會集中在簡短地考察歷史中五個西方範式的崇拜——古代、中世紀、宗教改革、現代和當代。在每一個範式，我們都會在崇拜中找尋證據，表明記念上帝過去的拯救行動，以及預期上帝在再來，在整個天地建立祂的統治時，最終完全得勝罪和死亡。

古代教會的崇拜和上帝的異象

我們通常將古代教會的定義追溯至公元六〇〇年，很多人認為那是羅馬帝國確實地結束的一年。很多更正教的基督徒都傾向否定古代教父和他們的洞見，說他們不過是也會犯錯的人，因此我們毋須留意他們。當然，他們受到文化影響，正如我們一樣。不過，他們的貢獻是巨大而重要的。他們為我們帶來使徒信經、尼西亞信經（公元 325 年）和迦克墩信經（公元 451 年），這些信經肯定上帝創造、道成肉身和再創造的故事。這些信經肯定耶穌是神－人這個聖經教導。它們肯定「只有上帝能夠拯救」（因此耶穌是上帝），以及「只有上帝所成為的才得醫治」（耶穌是人）這古老格言。它們不單澄清與基督的神性，以及與透過成為人的上帝得拯救有關的問題，也確立了聖經的正典和詮釋聖經的規則。而且，它們決定禮儀的形式，傳遞與聖經思想一致的倫理教導。

上世紀的自由派神學家認為古代基督教的形成是採納了希臘思想。他們否定信經，除去耶穌的超自然特質。事實上，他們摘除所有超自然的特質，只視耶穌為不尋常的人——或許是先知——但僅此而已。結果，自由派分子拒絕上帝的異象，而這異象明顯是古代基督徒崇拜的基本內容。不過，學者近年發現，古代教會主要不是受希臘觀念，而是受舊約本身影響。

我會從《使徒法典》（*Apostolic Constitutions*）選幾個例子，說明當時的人對整全聖經崇拜（whole-Bible worship）的敏銳。《使徒法典》是古代教會最龐大的禮儀材料。據稱它是源自第二世紀，但實際上反映了從《希坡律陀的使徒傳統》（*Apostolic Tradition of Hippolytus*）到《使徒訓誨錄》（*Didascalia of the Apostles*）到所謂革利免禮儀（Clementine Liturgy）的好些禮儀文件。《使徒法典》最初大約在公元三八〇年在敍利亞或君士坦丁堡出現。這大約是奧古斯丁（Augustine）開始事奉的時間。

這作品實在太長，不能在這裏全面介紹。因此我會集中在前面提過的聖經崇拜的兩方面——記念和預嘗。

古代基督教崇拜裏的記念

我已經評論過古代教父與諾斯底主義者就舊約進行的鬥爭。對諾斯底主義者來説，舊約的上帝耶和華是與新約的上帝完全不同的神。舊約的上帝不單次等，而且是邪惡的，祂也是世界上邪惡的來源。耶和華是物質世界的創造者，因此所有物質——包括人類的身體——都是邪惡的。只有不可見和屬靈的才是良善的。因此，諾斯底禮儀中永遠都不會提及上帝在以色列歷史中的工作。

恰恰與諾斯底主義完全拒絕舊約相反，古代的教父完全肯定耶和華及我們主耶穌基督的父是同一位上帝。所有古代的神學和禮儀都反映這個信念，因此總是強調上帝於歷史中在族長和以色列當中工作。由於這個原因，那些忠於使徒傳統的禮儀經常提到上帝在舊約時期的工作。以下這個安東尼牧首（Anthony the Patriarch）的禱告來自《使徒法典》的崇拜材料，要留意它強調記念上帝在過去的拯救工作：

因為，從一開始，我們的先祖亞伯拉罕
開始行在真理中，
祢便向他顯明祢自己，並引導他，

祢教導他現在這世代的真正本質。
他的信心先於他的知識，
而那約伴隨他的信心。
因為祢告訴他：
「我會使你的後裔極其繁多，
好像天上的星，
海邊的沙。」

因此，在賜以撒給他時——
以撒的生命，根據祢的設計，
就好像他本人的生命一樣，
祢宣告祢是他的上帝，說：
「我會成為祢的上帝
以及祢後裔的上帝。」

因此，當我們的先祖雅各
出發到美索不達米亞時，
祢告訴他，向他指示彌賽亞：
「看哪，我與你同在。
我會增加你的後代，使他們極其繁多。」

對祢忠心的僕人摩西，
祢也在荊棘的異象中向他說：
「我是我所是。
這是我要讓人記念的名字。」

亞伯拉罕後裔的辯護者，
祢歷代都受到稱頌。[1]

今天我們很多教會都忽略了在崇拜中要記念。究其原因，是喪失了對整本聖經的注意。崇拜出現了一種轉變，以治療性或鼓舞人心的講道為焦點，並出現了娛樂或表演式的崇拜。牧者和教會領袖最好回到聖經，更忠於聖經對記念的強調，這種強調可以在古代教會的禮儀中找到。要在崇拜裏更忠於聖經，這不一定是要將崇拜變得更具禮儀性。記念上帝在歷史中拯救世界的行動，這記念行為也可以是以自發的方式有效地實行。在計劃崇拜時問：「崇拜有沒有將創造連繫到上帝介入以色列的歷史，祂的道成肉身、死亡、復活、升天、永恆代求和再來建立祂對整個創造的統治？」如果你對這個問題可以給予肯定的回答，你的崇拜便有聖經記念和預嘗的內容。

古代基督教崇拜裏的預嘗

我會再回到《使徒法典》，舉出一個崇拜讓人預嘗在耶穌基督統治下歷史達致完滿的例子。這一次，我們會看剛受洗的慕道者所要實行的禮儀的其中一部分。這個認信反映了慕道者在之前三年接受的訓練。它包括創造到道成肉身到將來的國度。它也反映尼西亞信經的信念。這信經在公元三二五年寫成，但卻在公元三八〇年的君士坦丁會議中才完全得到教會肯定。

我相信並受洗：

歸入那獨一、不受造、惟一真正的全能上帝，基督的父，祂創造和製造萬物，「萬物都源自祂」；

歸入主耶穌基督，祂獨生的子，「所有造物中首生的」；

祂在萬古以前，根據上帝良好的愉悅受生，不是受造；
「萬物都透過祂受造」，包括在天上和地上，
可見和不可見的；
祂在末時從天降下，成了肉身，由聖潔童貞女
馬利亞所生；
祂根據祂的上帝和父的律法過聖潔的生活；
祂在本丟彼拉多手下受苦，並為我們受死；
祂在受難後，在第三天從死人中復活；
祂升上天，坐在父的右邊；
祂會在時代終結時帶著榮耀再來，審判活人死
人，祂的國度沒有窮盡。
我也受洗歸入聖靈，保惠師，祂從世界開始便
幫助眾聖徒；
祂按照我們救主、主耶穌基督的應許，蒙父差
派到使徒那裏；
祂從那時開始就受差派到所有相信大公和使徒
教會的人；
我也受洗歸入身體復活；
歸入罪的赦免；
歸入天上的國度和將來世代的生命。[2]

簡單地檢視這個認信的榮耀頌歌，顯示上帝的完整故事以概略的方式存在。這認信有上帝故事的三一結構。提到三一不是作為孤立的事實，而是以它動態的活動和相互的關係提出。父創造；子透過成肉身、死亡、復活、升天、代求和在榮耀中再來建立祂永恆的國度而參與創造。聖靈參與上帝整個拯救使命，幫助聖徒，給使徒和教會力量，並見證肉身的復活，罪得赦免，以及國度來臨。並沒有比這更清楚的

了。而這只是**概述**了這些新基督徒懷著禱告的心學習了三年的事情。

中世紀東方和西方禮儀裏的上帝的異象

東方和西方禮儀都發展了各自的崇拜形式，雖然兩者都仍然忠於它們在古代崇拜中的基本根源，特別是它們繼續以聖言和聖餐禮作為崇拜的基本結構。雖然兩個傳統之間經常產生相互影響，但我們可以說迦太基和羅馬是西方教會之母，而耶路撒冷、安提阿和亞歷山太則是東方傳統的根源。

東方教會

東方禮儀最終由君士坦丁堡的崇拜模塑，特別是聖巴西流（St. Basil）和聖屈梭多模（St. John Chrysostom）的禮儀。與第二和第三世紀的禮儀相比，這些禮儀十分複雜。東方禮儀的一個主要強調總是奧祕。東方教會強調上帝故事中那弔詭的奧祕。上帝既不可見、不能理解和無限；但在道成肉身中，上帝是可見和可知的。東方禮儀也十分富色彩，有法衣、下跪、經常使用十字架的記號，有詞藻華麗的語言和無數重複。東方禮儀依從古代禮儀的強調，以基督勝過罪和死，以及復活，應許一切都會更新為焦點。

東方禮儀的一大特點是它強調預嘗。那禮儀一再邀請崇拜者進入天上，加入天上羣眾的崇拜。我們有很多天上崇拜的例子可以選擇。以下的聖巴西流禮儀的奉獻（Anaphora）環節。仔細地閱讀的話，會看到上帝的故事和再創造的世界中永恆崇拜的異象。

〔**低聲地**〕啊，真正存在、獨一的、主人、主、上帝、全能和配得崇拜的父，讚美祢，向祢歌唱，頌讚祢，崇拜祢，榮耀祢，是多麼正確，適合祢聖潔的威嚴。惟獨祢是真神，我們以謙卑的靈和痛悔的心將這屬靈的崇拜獻給祢。祢給了我們祢真理的知識。誰配講述祢偉大的行動，或者讓祢所有的讚美為人所聽到？啊，萬物的主人，天地和所有可見和不可見的受造物的主，祢坐在榮耀的寶座上，看著深處。祢沒有開始、不可見、不能理解、不能描述、不改變。啊，我們主耶穌基督的父，基督是偉大的上帝和救主，我們的盼望，祂是祢良善的形象，是等同其模範的印，祂在祂自己裏面顯明祢：聖父，永活的聖言，歷代以前的真神，智慧，生命，聖潔，能力，真光：透過祢聖靈得以彰顯，祂是真理的靈，是繼承的恩賜，是我們將來產業的保證，永恆良善事物的初熟果子，賜生命的能力，聖潔的泉源；透過祂，每個理性和屬靈的生物都能夠敬拜祢，並給祢永恆的榮耀，因為萬物都是祢的僕人。天使、天使長、君王、統治者、執政的、當權的、掌權的和多眼的基路伯都讚美祢。撒拉弗圍繞祢，他們各有六個翅膀：用兩個遮臉，兩個遮眼，兩個飛翔，不斷以不會疲倦的口呼喊，不住聲地讚美，

〔**高聲**〕歌唱，宣告，喊叫得勝的詩歌：

聖哉！聖哉！聖哉！萬軍之主！天地都充滿祢的榮耀。和撒那歸於至高處！奉主名來的配得稱頌！和撒那歸於至高處！[3]

西方教會

西方禮儀深受羅馬崇拜影響，這種崇拜同樣以聖言和聖

餐禮作為深層的結構，但風格卻與東方教會頗為不同。羅馬崇拜的風格比東方更條文化和僵化。直到近期（梵蒂岡二次會議，1963 年），羅馬崇拜才不再以拉丁語進行，雖然拉丁語不是舉行崇拜的教會所用的語言。對大部分更正教徒來說，羅馬的禮儀太儀式化和死板。與東方禮儀相比，羅馬的禮儀頗為沉悶。

東方禮儀強調，上帝在天上的奧祕，透過聖言、象徵和崇拜的聲音，在地上變得可見；羅馬彌撒的著重點則在於聖餐禮的祭。到了中世紀後期，以講道實行聖言的服事已經變得不常見。彌撒大致被化約為聖餐禮的禱告。由於放輕了聖言的位置，彌撒的焦點在於基督的死，崇拜沒有宣告上帝的整個故事。這個故事被化約為基督的死，祂的受苦，以及透過聖禮帶來的拯救。

以下這個羅馬彌撒的部分是奉獻儀式，聖餐禮開始時的禱告。要特別留意它經常提到基督的犧牲，這是彌撒的焦點。可惜上帝**對世界的再創造這整個異象，即使在最好時也沒有表達出來，在最壞時更被忽略了**。

> **主禮人**：願主與你們同在。
>
> **輔　祭**：也與你同在。
>
> **主禮人**：讓我們禱告。
>
> **現在他拿起載著餅的聖餐盤，舉起，說：**
>
> 聖潔的父，全能、永恆的上帝，接受這無瑕疵的犧牲之祭，是我，祢不配的僕人，獻給祢，我永活和真正的上帝，為了我無數的罪、過犯和忽略，我也代表所有在這裏的人；也同樣為了所有相信的基督徒，包括活著和死去的。求祢為了他們和我的好處接受這祭，讓它可以拯救我們，帶給我們永恆

的生命。阿們。

神父走到書信位置（按：彌撒中讀書信的一邊。信徒從大門走進聖堂，面對祭台時，書信位置在祭台的右邊），**將酒和水倒進聖爵。他祝福水，然後說：**

上帝啊，藉著祢人性的尊嚴奇妙地確立，並更奇妙地得以挽回，透過以禮儀的方式使用這些水和酒，求祢讓我們與俯就分享我們人性的那一位的神格團契，祂是耶穌基督，祢的兒子，我們的主，祂是上帝，是永活的，與祢在聖靈的聯合中掌權，直到永永遠遠。阿們。

他回到祭台中間，獻上聖爵說：

主，我們獻給祢救恩的聖爵，懇求祢的憐憫，讓我們的奉獻可以帶著甜美的香氣上升，去到祢為我們和整個世界的救恩的神聖奧祕的同在。阿們。

他微微鞠躬，然後繼續說：

靈裏謙卑，心裏痛悔；主啊，願我們蒙祢喜悦，願我們這樣獻上的祭，今天在祢眼中可以蒙祢悦納，主我們的上帝。

接著他挺立，向聖靈祈求，在餅和酒上打十字：

來啊，祢這位潔淨者，全能者，永恆的上帝，祝福這些祭禮，是為了祢聖名的榮耀而預備的。

神父現在去到書信位置，在那裏洗手和背誦詩篇二十五篇 6 至 12 節：

以心裏的純潔，我會洗淨我雙手，在祢的祭台上，在他們當中，站在我的位置，主啊，在那裏聆聽讚美祢的聲音，講述關於祢所有奇妙作為的故事。主啊，多好啊，我愛祢家的美麗，祢自已的榮耀棲居在那裏！主啊，永遠不要視這靈魂為與邪惡的人一起失喪，永遠不要視這生命為在殘忍的人當中：雙手總是染滿罪，手掌總是想收受賄賂！願祢引導我的腳步脫離錯誤：以祢的憐憫解救我。我雙腳站穩在地上；在那裏祢的百姓聚集，主啊，我會加入讚美祢的名。

願榮耀歸於父（*Gloria Patri*）在苦難期和為死人的彌撒中會被省去。

願榮耀歸於父，歸於子，歸於聖靈。正如在開始的時候，在現在，和將來，直至永遠。阿們。

然後神父回到祭台中間說：

聖三一，接受我們在這裏獻給祢的祭，是為了記念我們主耶穌基督的受苦、復活和升天；也尊崇蒙福的馬利亞，永遠的童貞女；蒙福的施洗約翰，聖潔的使徒彼得和保羅，遺骸在這裏的殉道者，以及眾聖者。願榮耀給予他們，為了我們的拯救；願我們在地上記念的他們，仁慈地在天上為我們代求：同樣透過我們的主基督。阿們。

現在他說出一或更多個獻禮經。它們的數目和次序是根據集禱經而定的。在最後一個獻禮經結束時，他高聲說：

主禮人：永永遠遠。

輔　祭：阿們。[4]

簡單來說，東方和西方崇拜在內容、結構和風格上都有分別。東方崇拜的內容保持和古代崇拜的敍事很大程度上的相似，以聖言和聖禮的模式強調創造、道成肉身和再創造。另一方面，西方崇拜則將上帝故事的完整內容化約為專注於基督為罪犧牲。他們放棄了傳講聖言，放棄了以言語宣講上帝的故事！風格（音樂和藝術）反映羅馬對西方以及拜占庭文化對東方的影響。

宗教改革的禮儀中上帝的異象

要明白宗教改革和它在崇拜上的改變，一定要從它在神學和禮儀上對西方羅馬天主教崇拜的嚴厲批評來理解。宗教改革主要是恢復聖經的權威，並拒絕羅馬的傳統，建制的教會，後期中世紀信仰的法規和信條，以及羅馬對彌撒作為基督的犧牲的專注。

在崇拜方面，人們信奉三個立場。信義宗和聖公會保留很多天主教彌撒的內容，而重洗派（Anabaptists）則拋棄彌撒，支持團契的愛筵。改革宗教會則採取中間路線，簡化了彌撒的禮儀元素和結構。宗教改革三個分支對崇拜的獨特貢獻，是它們恢復了讀經和講道的正確地位，就好像在古代教會那樣。

宗教改革的崇拜與古代教會的禮儀有一個重大的分別：**現代崇拜更留意個人在上帝面前的狀況**。上帝透過基督勝過罪和死亡奪回整個世界和救贖所有生命和物質這個異象很少出現（雖然在信義宗禮儀中可以找到）。改革宗的禮儀繼續強調基督的犧牲，但不是好像羅馬禮儀那樣作為再犧牲，而是基督代替我的罪。基督為了整個世界的工作現在開始被化約為基督為了個人的犧牲。以下的引文來自加爾文（Calvin）的斯特拉斯堡禮儀（Strassburg Liturgy，1545 年）中聖餐的前言。每次人們聚集領受主餐時，都會向他們讀出這段話。

弟兄姊妹，我們聽到我們的主怎樣與祂的門徒吃晚餐，從中我們知道陌生人和不屬於祂那忠心羣體的人必定不能獲准參與那晚餐。因此，奉我們主耶穌基督的名，並憑著祂的權威，跟隨這誡命，我驅逐所有拜偶像的人、褻瀆的人，鄙視上帝的人，異端分子，以及那些製造私人黨派、藉以破壞教會的合一的人，所有作偽證的人，所有叛逆父親、母親或在上位者，所有煽動叛亂或叛變的人；殘忍和目無法紀的人，犯姦淫的人，淫蕩和好色的男人，盜賊，搶掠的人，貪心和吝嗇的人，醉酒的人，貪食的人，以及所有過可恥和放蕩生活的人。我警告他們要離開這聖潔的餐桌，以免他們藐視和污染聖潔的食物，這食物我們的主耶穌基督單賜給屬於祂信仰之家的人。

而且，根據聖保羅的勸告，讓每個人都審察和查明自己的良心，看他是否真的為自己的錯誤悔改，為自己的罪哀傷，渴望從今以後依從上帝過聖潔的生活。最重要的是，讓他看到他是否信靠上帝的憐憫，全然在耶穌基督裏尋求祂的拯救，並棄絕所有憎恨和敵意，有很大的決心和勇氣，以和平及兄弟般的愛與鄰舍共處。

如果我們在上帝面前心裏有這見證，從沒有懷疑祂以我們為祂的兒女，而且主耶穌向我們說出祂的聖言，邀請我們到祂的桌前，給我們這神聖的聖禮，是祂給予祂的門徒的。[5]

我們可以看到這個禱告那明顯的轉變，它的焦點在於個別信徒配（或不配）領受聖餐。這個禱告和好像它的這種禱告稱為「圍欄」禱告，是將非信徒和後退的信徒排除於聖餐桌以外的勸告。在宗教改革之前，所有受洗的人都可以來到聖餐桌前。從這時開始，直到二十世紀，聖餐的重點都在於「如果你有歸信的經歷，過經已改變的生活，便可以來到聖餐桌前。」同時，在很多「傳統失守」的教會，洗禮都變得愈來愈不重要。

現代世界的崇拜裏上帝的異象

宗教改革開始了新教會運動的浪潮，一浪接一浪。每個運動都有本身的領袖，他們以獨特的神學和它對崇拜的信念銘刻在新運動上。所有這些新運動的共同強調是提升聖經和講道的地位。這些運動也都忽略主餐，不經常守主餐，作為對羅馬天主教在崇拜幾乎惟獨強調聖餐禮的犧牲的回應。

從十七世紀到十九世紀，有兩個崇拜的普遍運動值得注意。它們是崇拜作為教育和崇拜作為經驗。這兩種取向都沒有宣告和上演上帝異象的完整故事。

崇拜作為教育（十七世紀）

現代世界（1750～1950）是一個與古代、中世紀或宗教改革時期都十分不同的歷史時期。在這時期，知識和取得知識的方法都產生了巨大的轉變。這個時期被稱為啟蒙，它產生了無比巨大的革命，引入理性和科學作為發現真理的方法，拒絕基督教對藉啟示認識的真理的信念。

正統的更正教深受理性主義影響，它在十七世紀出現，為啟示辯護，並從聖經教導真理。神職人員熟習希臘語和希伯來語，聖經神學和系統神學，以及利用邏輯來支持基督教信仰。崇拜的中心是講道，講道強調的是認識上帝的聖言，以及為它的真理辯護。可惜，推動宗教改革的崇拜和講道的熱誠漸漸被冗長、乏味和論辯式的講道取代。正統的更正教被「死的正統」取代，教會變得空洞。

十七世紀有好些不同的崇拜模式，例如長老會、公理會和浸信會。最有影響力的崇拜模式是長老會的模式：

聖言崇拜的禮序

參與崇拜的號召
親近的禱告
閱讀詩篇
舊約經文
新約經文
詩篇（歌唱）
講道前的禱告
講道
一般的禱告
主禱文
詩篇（歌唱）

主餐的禮序（一年四次）

勸誡
警告
邀請來到主餐桌前
設立的話
禱告、感恩或祝福餅和酒
擘餅和分餅
勸誡
嚴肅的感恩

為窮人收集捐獻[6]

威斯敏特崇拜程序大全（Westminster Directory）——一本長老會的崇拜程序大全——在一六四三年出版，規定了上面的崇拜禮序。單看這簡述很難確定它的實質內容。不過，對文本的研究顯示，十七世紀的崇拜並沒有好像初期教會的崇拜那樣強調記念和預期。它更多地強調教育。講道依從連誦（*Lectio Continua*）的模式，就聖經的不同書卷講出一連串的道。當然，在講道，在閱讀詩篇，在閱讀新舊約的經文，以及在不同的勸誡中，都有提到記念上帝過去的工作以及上帝將來對創造的統治。但崇拜將創造、道成肉身和再創造連繫在一起的敘事性質卻並不明顯。

浸信會在崇拜中依靠聖經，發展出崇拜風格的不同取向。到了十八世紀，浸信會的崇拜風格匯合成以下這種共同模式（1695 年）：

聖言的崇拜

詩篇

禱告

聖經

講道

禱告

主餐（一個月一次）

講道和勸誡

祝福餅

設立的話

領受餅

祝福酒

設立的話

領受酒

詩篇（聖詩）

祝福[7]

早期的浸信會會友，好像長老會會友一樣，十分重視知識的增長。今天大部分人都以為浸信會的崇拜是經驗性、福音性和自發的，是相對於有秩序和知性；但十七世紀的原本浸信會的改革宗色彩卻濃厚得多。今天英國有很多浸信會會友反映了十七世紀的風格和內容，美國也有一羣改革宗浸信會會友，雖然不大為人所知。今天大部分浸信會會友都依從較自發和經驗性的崇拜取向，這是受較後期的復興運動影響。

總括來説，如果十七世紀的崇拜有失敗之處，那就是和啟蒙時期一樣，崇拜傾向強調事實而沒有足夠的解釋。它強調支持事實的正確性的論證，卻沒有充分解釋上帝在創造中奪回世界，身為主統治整個創造的故事和異象。

崇拜作為經驗（十八和十九世紀）

教會進入十八世紀時，崇拜的整個景觀都開始改變。工業革命令大量工人移居到城市。城市十分擠迫，生活條件很差，沒有足夠的房屋，衞生環境惡劣，食物和食水都不足夠，貧窮十分嚴重，也有罪案，人們在街頭露宿，疾病和死亡率都十分高。

在這個情況下，教會未能應付人們的需要。他們專注於為信仰辯護，建立論證對抗不信的人，強調關於真實性的問題，這一切對那些生活環境十分差，沒有任何明顯出路的普通人來說沒有多大意義。

浪漫主義運動開始培養出一羣人，他們拒絕理性的真實，強調個人經驗對支持真理的力量。這種強調，好像孕育教育性崇拜以理性為焦點一樣，產生了經驗的崇拜。這種轉變在十八世紀下半期的福音派大覺醒（great evangelical awakenings）中表達了出來。

約翰・衛斯理（John Wesley，1703～1791）是福音派覺醒中最著名的人物。不過衛斯理本身是聖公會會友，一生都忠於聖公會的崇拜。他恢復古老的禮儀，十分強調在聖言和聖禮的禮儀中經驗個人的信仰。他強調經常守聖餐、歸信、講道和熱誠地唱詩。（他寫了無數聖詩，包括六十六首聖餐聖詩，其中很多今天的教會仍然在唱。）衛斯理建立了循道運動，這運動以它的熱誠著稱。聖公會的崇拜不是熱誠的崇拜；而是作為禱告實行出來。不過，衛斯理引入熱誠的講道和歌唱，其後循道主義以此為它特別的標記。一直都有禮儀的循道主義，反映衛斯理對聖公會禮儀的愛好，但循道主義大都傾向稱為**復興崇拜**（revival worship）這種更鬆散的崇拜風格。

復興崇拜源自美國循道會前線運動的工場復興。復興主義在十八世紀後期向西面橫掃。一個奮興家會在市鎮出現——可能是沒有教會的市鎮——搭起一個帳幕或一種臨時的空間，舉行奮興聚會。奮興聚會大都包括三部分：

歌唱令內心溫暖和靈魂軟化。
講道宣告在基督裏得拯救的好消息。
邀請人們接受耶穌作為個人的主和生命的救主。

佈道家離開市鎮到其他地方傳道後，歸信的人留下來開展他們自己的教會。這些新基督徒有的惟一模式，是佈道家教導的三重模式。因此，他們以這三重模式建立教會和羣體。這個模式頗為流行，直到二十世紀中期。今天仍然有人用使這個模式，特別是南部的基要主義教會。

這些崇拜強調的不是創造並藉著道成肉身、死亡和復活重造受造物和創造而介入創造的上帝。它們強調的，是上帝的故事和異象的一部分，因為專注於基督的死是新的造物的源頭並上帝和個人生命的支柱，聚焦於這主題的講道和聖詩表達了強烈的敬虔。雖然這是重要的，但我卻認為它化約了基督教的信息。崇拜的敍事元素不在於上帝的整個故事，而通常是完全在於基督承擔了你的罪的刑罰，以及你需要接受祂為你所做的工作。

二十世紀後期的崇拜和上帝的異象

如果你花時間研究二十世紀上半葉的崇拜運動，你會發覺它們大致跟從十七、十八、十九世紀所建立的內容和風格。二十世紀上半葉的崇拜的主要焦點仍然是：理性主義者以教育為焦點，或經驗主義者以熱誠為焦點。一些新羣體，例如基要主義者，他們同時是來自普林斯頓的改革宗傳統以及時代論傳統，他們接受了這兩個傳統，但不一定作為個別教會，而是作為一個運動這樣做。結果，在基要主義圈子中，有些教會保持某程度的秩序和很強的聖經教導，而另一些基要主義教會則實行更自由、復興風格的崇拜。還有十九世紀後期和二十世紀初期的新運動，依從衞斯理的聖潔傳統，但有些微改變。當中包括五旬節傳統，強調方言和靈恩運動，以恢復恩賜而為人所知。

在四十年代中期，**福音派**這個詞再次用來識別一羣教會。很大程度上，福音派和他們基要派的父母一樣，崇拜都分為教育式和經驗式復興模式。

二十世紀後半期引入了新的崇拜模式，是建基於當代合唱而冒起的，這種合唱源自七十年代初的耶穌運動。最初，當代合唱運動只限於耶穌運動。但它後來擴展到靈恩派，然後擴展到五旬宗，在二十世紀最後十年，它在很多福音派教會，以及好像葡萄園等發展蓬勃的新教會運動中，都變得很普遍。

當代合唱運動不是對神學敏銳的運動。它倒可以稱為**非神學的**。最初，人們將聖經的經文，特別是詩篇，配上音樂。不過，這個運動很快受到自戀的文化影響，那些歌曲愈來愈是關於**我以及我敬拜**上帝。我在這本書澄清的聖經故事嘗試顯示崇拜是關於上帝：上帝的奇妙、奧祕和威嚴；祂拯救祂的造物和創造的奇妙故事。不過，大部分合唱歌都是關於**我**。**我**多麼愛上帝，並想事奉祂。**我**怎樣崇拜祂，榮耀祂，尊崇祂，讚美祂，高舉祂。焦點似乎是自我產生的崇拜。上帝成了我愛的對象，崇拜以我能夠多強烈地感受這感激和向上帝表達它來衡量。

近年不時有幾把分散各處的獨立聲音質疑這種**以我為主**的崇拜取向。但很大程度上，音樂界仍然將焦點繼續放在自我上，教會也沒有離開這種由文化模塑的處境。

當代崇拜依從復興式熱誠崇拜的傳統，不單在於它的情感價值，也在於它的崇拜禮序。由於它主要不是以上帝從創造、道成肉身和再創造的拯救行動為焦點，它沒有表達上帝在歷史中的拯救行動的敍事。好像復興崇拜一樣，它更專注於發生在個人心裏的敍事。因此，它真正與復興的先輩區別的惟一地方是它以合唱歌取代福音詩歌，加入結他和其他樂器，並取消了邀請。例如，比較以下的模式：

復興模式	當代模式
福音歌唱（鋼琴、風琴和詩班）	**合唱歌**（鋼琴、結他和鼓等）
福音性講道（直接來自聖經）	**講道**（特別強調醫治；沒有經常提出福音）
邀請	**事工／邀請**（被禱告和醫治事工取代，特別是在五旬宗和以靈恩為取向的教會；大部分福音派教會在講道後甚麼也沒有）

以尋道者為導向的當代教會主張崇拜不需要提出整個福音。他們說，崇拜的目的是令人進入教會。在人們願意聆聽他們後，他們便在小組環境中提出福音。這種論調可能是良好的營銷，但卻不明白聖經中崇拜的目的。崇拜給上帝榮耀，因為它記念上帝過去的拯救行動，並預嘗上帝的拯救行動的新天新地達到高峯。

結論

在這一章，我嘗試就過去二千年崇拜的主要轉變提供一幅鳥瞰圖。我個人明白這樣簡略的概述有甚麼缺點。要全面研究這個主題，至少需要十多篇博士論文——我也會補充説這是值得做的課題。不過，雖然這個主題很龐大，我的研究又不完整，但我感到我的命題——上帝完整的故事／異象在西方已經失落了——是站得住腳的。

我簡略地比較了歷史上每個範式的主要崇拜趨勢，我得出的結論是：

- 在初期教會，上帝異象的故事是崇拜的主題。
- 上帝的故事／異象在東方教會得到保存。
- 在中世紀時期，上帝工作的焦點由整個故事轉到故事的一部分，也就是祂在十字架上的犧牲。

- 在宗教改革期間，開始轉向以自己，以及需要悔改、有信心和持續警醒地留意自我為焦點。
- 在現代世界，在啟蒙時期崇拜轉而強調知識，而在浪漫時期則轉為強調強烈期待歸信的經驗。
- 在二十世紀，復興禮序繼續在福音派中間延續，但內容方面有頗大改變，包括以尋道者為導向的崇拜，以及更強調治療性的講道。

這個簡短的考察是要顯示我們需要重新思考我們崇拜的內容。

在暴力和不確定的後現代世界，我們很需要恢復得勝的基督（*Christus Victor*）這個主題，也就是上帝在基督裏打敗所有邪惡的掌權的，決定性地取消罪、死亡和世界上所有邪惡，而因為祂的死和復活，祂會再來，最終勝過所有邪惡，建立祂的國度，統治全地。教會蒙召藉著祂的存在，並在祂的崇拜中記念上帝過去在歷史中這些拯救事件，保證我們預期的新世界，從而見證這真理。

現在我們去到第二部分，「將上帝的故事應用到崇拜」，在那裏我們會找方法重新令我們的崇拜朝向創造、道成肉身和再創造的完整敘事。

註釋

1. 來自 *Apostolic Constitutions*, book VII, 2～7，引自 Lucien Deiss, ed., *Early Sources of the Liturgy*, 2nd ed., trans. Benet Weatherhead (Collegeville, MN: Liturgical Press, 1975), 154～155。
2. Deiss ed., *Early Sources of the Liturgy*, 155～156.
3. John Warren Morris, "The Byzantine Liturgy (Ninth Century)," in *Twenty Centuries of Christian Worship*, ed. Robert Webber (Peabody, MA: Hendrickson, 1994), 163～164.
4. Michael S. Driscoll, "The Roman Catholic Mass (1520)," in *Twenty Centuries of*

Christian Worship, 177～179.

5. Elsie McKee, "Calvin: The Form of Church Prayers, Strassburg Liturgy (1545)," in *Twenty Centuries of Christian Worship*, 202.
6. Dorrell Todd Marirna, "The Westminster Directory," in *Twenty Centuries of Christian Worship*, 230～231.
7. G. Thomas Halbrooks, "A Baptist Model of Worship," in *Twenty Centuries of Christian Worship*, 231～235.

第二部分

｜將上帝的故事應用到崇拜｜

｜*Applying God's Story to Worship*｜

第五章｜*Worship*｜

｜崇拜：由記念和預嘗轉化｜

由於我經常到訪不同教會，出席崇拜會議和從事教育，我遇到無數人向我談及崇拜現時的危機。無論在傳統和當代環境下，這都是危機。你可以說這是一個全球的危機。傳統的崇拜往往令人感到死氣沉沉、理性和枯燥；而當代崇拜則顯得嘈吵、朝向自我和不大能夠振奮人心。

不過，例外也是有的。我參加過一些傳統教會，它們的崇拜有啟發性，也帶來屬靈上的挑戰。我也參加過一些當代的教會，強烈感到他們在敬拜全能的上帝。我不認為解決辦法是選擇一種方式，放棄另一種方式。例如：我聽到一間禮儀教會的牧師說：「我們的崇拜的問題在於法衣、詩班、聖詩和聖餐禮。它們令人們不來教會，所以我們要除去這一切，改用當代崇拜。」這是大錯特錯。我們需要禮儀教會；我們也需要當代教會。兩者在上帝的教會中都有地位，兩者都可以實行我在這本書所寫的事情。

崇拜的危機

雖然目前崇拜的危機十分複雜，不能有簡單化的答案；但我想提出一個三重的批評，是容易記憶，又去到問題的核心的。我提出關於危機的一個關鍵，是透過內容、結構和風格的鏡片來評估崇拜。

這本書是關於**內容**的危機。如果正如我所說，崇拜是關於記念和預嘗，現在的崇拜便需要以這兩個聖經主題來測量。

我十分明白記念是傳統讚美詩寫作和當代歌曲的重要部分。拿起一本福音派聖詩集，看福音派作曲家所寫的聖詩和詩歌，你會找到一個寶庫，以歌唱見證上帝在歷史中奇妙的工作。很多合唱歌也是這樣。傳統和當代歌曲的歌詞往往提到記念上帝偉大的作為。問題是上帝在歷史中的整體工作被忽略了。祂為了世界的救贖而實行的偉大作為被**個別化**。福音派音樂很少留意到上帝不單拯救了我。根本沒有將創造連繫到道成肉身，並引向再創造這個主題。因此，即使我們的崇拜有記念的意識，內容卻被縮減。它沒有包括整個歷史，也沒有進到信徒不單預期自己得拯救也預期整個世界得拯救的境地。

第二個危機是關乎**結構**。上帝的故事在聖言和聖餐桌的敍事中傳遞。這個結構不單是方便的禮序，它本身也深深植根於上帝的敍事。跟隨聖言和聖餐古老的結構時，崇拜本身透過記念和預嘗敍述崇拜者的經驗。聖言以讀經和講道，主要透過基督事件，記念上帝的故事。接著聖餐禮的禱告、詩歌和象徵引領會眾預嘗上帝將來的國度。這些現實在福音派崇拜中沒有**有意識地**表達出來。不過，所有教會的聖言和聖餐禮的基本結構，都總充滿上帝的故事。這個故事等候牧者和會眾將我們崇拜的**內容**調至合乎聖經的崇拜**禮序**，好讓它得以出生。這個簡單舉動會促成記念和預嘗的恢復。

第三個危機是**風格**，它直接與內容和結構的危機有關。如果我們承認崇拜的內容是記念和預嘗，看到崇拜的結構為內容服務是很容易走的一步。聖言記念而聖餐預嘗。（這並非表示聖言沒有預嘗，或者聖餐沒有記念。這是大致的概括，刺激我們思想崇拜做甚麼，而不是僵化、固定的框架。）實行聖言和聖餐的風格是關乎令崇拜的內容和結構**適合**當地處境。就崇拜風格而言，包括傳統和當代，我所見過的最大錯誤，是將崇拜編排成不同節目。傳統崇拜將讀經、禱告、詩篇、詩班、獨奏歌曲、奉獻和報告串起來，然後在結束時加上講道和祝福。這種風格通常沒有怎樣想到敍述上帝的故事和異象。另一方面，大部分當代崇拜領袖都這樣思想：以三十分鐘歌曲和合唱歌串連起來作開始，然後是報告和奉獻，接著是講道（通常不視為崇拜）。講道通常是主題式的，往往補充幾個聖經故事，但很少是關於上帝已經從邪惡的掌權的手上取得決定性勝利，最終會永遠建立祂的國度這個好消息。想一想今天我們的世界有甚麼事情發生。好戰的恐怖分子想將以色列投入海中，並拆毀西方世界的牆壁，將它摧毀。哪一樣更適切：治療性講道，令你對自己有良好的感覺；還是講述誰敍述世界的道？

我發覺用內容、結構和風格來思想崇拜，是組織我們思想的好方法。由於我的主要課題是內容和結構，我不會花太多時間在風格上，雖然這也是重要的問題，但不如另外兩個問題那樣重要。在歷史上，東正教和羅馬天主教都有很多不同風格（雖然我們可以説歷史的禮儀演化成頗為固定的風格），更正教當中也是這樣。

現在我們看一些古代崇拜的例子。在這些例子中，崇拜的內容和結構都講述記念和預嘗。

古代教會的崇拜

古代教會的崇拜這個主題十分龐大，橫跨了六百年。以這本書的篇幅不可能處理所有這些複雜的發展，但我卻可以提供幾個崇拜內容和結構的例子，至少可以說明「記念」和「預嘗」這兩個主題。我會由二世紀中期對崇拜的最早描述開始，然後講述那個時期的神學，並提供幾個講道和聖餐禮禮儀的例子。

對崇拜最早的描述

正典以外對崇拜最早的描述出現在殉道者猶斯丁（Justin Martyr）的《第一護教書》（*The First Apology*）。由於有謠言指基督徒聚集崇拜時獻嬰兒為祭，喝他們的血和吃他們的肉，基督徒受到指控，實際上更受到迫害。《護教書》是寫給王帝的，向他解釋基督徒相信甚麼，以及他們怎樣崇拜和生活。這本書在公元一五〇年寫成，今天它是初期教會其中一份最重要的文件，因為它讓我們看見初期基督徒的信仰和實踐。以下是它對崇拜的描述：

> 在稱為主日那天，所有住在城市或鄉村的人都聚集在一個地方，只要時間許可，便會讀出對使徒的回憶或先知的著作；然後，在讀完經後，主禮人以口頭指示和勸告會眾效法這些好事。然後我們一起站起來禱告。正如我們以前說過，我們的禱告結束時，便會拿出餅、酒和水，主禮人同樣按他的能力獻上禱告和感恩，眾人說阿們表示同意；然後將餅、酒和水分給眾人，為了這參與，人們獻上感恩；至於那些沒有出席的人，則會由執事將一份餅、酒和水帶給每一個人。那些有能力又樂意的人便按自己認為合適的金額奉獻；收集到的奉獻由主禮人保管，用來救助孤兒和寡婦，以及那些因病或其他原因而有缺乏，被拘禁，和寄居在我們中間的

外人，也就是說，照顧所有有需要的人。[1]

根據殉道者猶斯丁的記述，對古代崇拜我們可以得出以下的理解：

1. 教會的公共崇拜在主日，也就是復活那天舉行。崇拜的**日子**是重要的。根據希伯來傳統，崇拜的日子是星期六，也就是安息日。那是上帝完成創造的日子，也就是好像上帝休息那樣休息的日子。（創二 2～3：「到第七日，上帝造物的工已經完畢，就在第七日歇了他一切的工，安息了。上帝賜福給第七日，定為聖日，因為在這日上帝歇了他一切創造的工，就安息了。」）星期六是休息的日子。但在主日，一星期的第一日（可十六 2），休息的上帝再創造。這次復活顯示基督自己是「新的創造」。在祂裏面，「舊事已過，都變成新的了。一切都是出於上帝，他藉著基督使我們與他和好」（林後五 17～18）。崇拜那天揭示崇拜不是關於我將上帝放在天上的寶座上，而是關於基督透過祂的死和復活使萬物與上帝和好。

2. 崇拜的特點是閱讀和宣告聖經及守主餐。我會在第六和七章進一步討論這兩方面。在這裏說聖言和聖餐桌不是關於我，而是關於基督，祂在聖經和聖餐桌中啟示出來，便已經足夠。

3. 主禮人「指示和勸告會眾效法這些好事」。我們現在去到崇拜關於**我**的方面。這裏我們看到崇拜不是我做甚麼，而是**在我裏面做了甚麼**。也就是啟示基督的崇拜，藉著令我察覺到耶穌是我的靈性，崇拜是要模塑我的屬靈生命，令我在耶穌的死亡和復活中生活，從而模塑我。保羅向哥林多人說明崇拜的這個意義，他說：「原來基督的愛激勵我們；因我們想，一人既替眾人死，眾人就都死了；並且他替眾人死，是**叫那些活著的人不再為自己活，乃為替他們死而復活的主活**。」（林後五 14～15，粗體為引者所加）崇拜的目的不是「我是上帝崇拜的來源」，而是耶穌是真正實行為上帝奪回世界這「上帝的服事」（崇拜）的那一位。因此，我的崇拜在與基督聯合時，要成為「效法這些好事」（在聖言和聖餐中揭示基督），正如猶斯丁所說的一樣。因此，崇拜培養屬靈生命，因為它揭示基督是為我做我自己不能做的事情的那一位，也是「驅使」我以嘴唇說出榮耀頌，並根據死亡和復活的模式生活的那一位。

4. 會眾禱告。

5. 為餅和酒禱告和感恩（聖餐禮），然後在場的眾人領受餅和酒。留意聖餐禮的禱告是「按他的能力」說出。在聖餐桌前的禱告現在變得固定，正如我們在公元二一五年的希坡律陀那裏可以看到（會在這一章稍後討論）。

6. 餅和酒被送到沒有出席崇拜的人那裏。

7. 收集獻金，然後分派給寡婦、孤兒、病人、被囚的人、外人和所有有需要的人。

猶斯丁並沒有評論崇拜的神學。不過，我們從他的描述可以看到**崇拜的結構**。從聖言和聖餐桌的結構，我們可以辨別上帝的故事。聖言和聖餐桌依從啟示和基督事件。廣義地說，啟示構成上帝在歷史中工作的言語和口頭展示。另一方面，包括道成肉身、死亡、復活、升天、永遠為我們代求和肯定會回來恢復所有造物並永遠統治的基督事件，構成預期上帝和世界的將來的象徵。不過，我們必須承認，單有聖言或聖餐禮都並不包括完整的故事。

古代教會的神學

在看更多古代教會的崇拜例子之前，我們應該考慮當時的主流神學。古代教會與諾斯底主義有激烈的鬥爭。這種異端可以追溯到新約時代。我在前面提過諾斯底主義者拒絕：舊約；創造；任何對物質的接受，例如成肉身的基督；以及任何禮儀的象徵，例如水、餅和酒。對他們來說，屬靈表示靈對抗所有肉體和物質。道成肉身不是真正的物質行動，而是屬靈的**流溢**，源自上帝的靈，告訴人們會將他們從監獄——人的身體和地上的經驗——中釋放的祕訣。

正統基督徒和諾斯底主義者之間的戰鬥圍繞一個問題：「使徒教導甚麼？」諾斯底主義者相信他們的信仰直接來自一個祕密傳統，由使徒保存，並傳給少數精英。另一方面，正統信徒的論據是，基督教信仰不是祕密，而是公開讓任何想認識的人都可以知道。而且，正統信徒論證說，使徒的教義已經由使徒傳給他們的繼任人，教會所相信的是真正來自使徒，並且是可靠的。（這是使徒傳統和使徒傳承的來源。它也解釋了使徒信經，它在開始的認信肯定：「我信上帝，全能的父，天地的**創造者**。」；粗體為引者所加。）正統信徒在二世紀結束時贏了這場戰鬥。教會肯定舊約的上帝和新約的上帝是同一位上帝。創造是良好的。上帝介入創造，甚至成了肉身，挽回創造歸祂自己。救贖不再是靈魂才有的權利，現在得到教會的共識，是適用於所有受造物。上帝更新了大地的面貌。

二世紀後期對抗諾斯底主義，提出使徒信仰是正統信仰的兩位最著名神學家是愛任紐和特土良（Tertullian）。我會引述愛任紐的《反異端》（*Against Heresies*，公元180年）的幾段話，幫助我們明白這使徒神學怎樣影響古代教會的崇拜。如果你有時間，我建議你讀這整本書，特別是卷四。

作為開始，愛任紐在反對諾斯底主義者時一再用以下這句話或它的某個不同版本：「現在教會雖然分散在整個文明世界上，直到地極，卻**從使徒和他們的門徒那裏接受了信仰。**」[2]這個特定的引言來自「信仰規條」，早期總結信仰的信條條文。值得留意的是，認信的一部分包括在歷史結束時所有人都得到挽回——強烈肯定了預期將來的國度。這認信指出教會相信「祂在父的榮耀中從天降臨，**挽回一切，並叫所有人復活**」。[3]

在整本書中，愛任紐都引用道成肉身神學，來闡釋上帝拯救祂的整個創造。上帝在道成肉身中降下，與人類聯合，讓人類可以上升，與祂聯合。道成肉身這個深刻的主題，對在地的崇拜有豐富的含義。我所謂「在地的崇拜」，是要強調古代的崇拜不是逃避世界。崇拜用自然的物質——水、油、餅、酒、動作、象徵——宣告整個創造都得到救贖。來自愛任紐的引文捕捉了道成肉身在古代神學和崇拜中扮演的重要關鍵角色：

> 那麼，由於主以祂自己的血救贖我們，將祂的靈魂獻給我們的靈魂，將祂的血肉獻給我們的身體，傾出父的靈帶來上帝與人的聯合和團契——藉著聖靈〔的工作〕令上帝降到人那裏，並以祂的道成肉身將人升到上帝那裏——藉著祂的來臨，堅定和真實地給我們不朽，藉著我們與上帝團契，所有異端教導都被摧毀。那些說祂在〔地上〕的出現只是虛構的人是自大的。這些事情並非虛假地發生，而是真實地發生。[4]

愛任紐在同一篇文章繼續建立同歸於一的神學。這種神學首先由使徒建立。他們比較第一個亞當和第二個亞當；前者帶來罪、死亡和定罪，後者帶來公義、生命和稱義。（參

羅五 12～21；林前一 15）

> 我也已經顯示，說祂的出現只是似乎是這樣，等如說祂沒有從馬利亞得到甚麼。祂不會有真實的血肉——祂藉此血肉之軀付上〔我們得救〕的代價——除非祂在自己裏面使亞當的古代形成重歸於一。因此，華倫提努派（Valentinians）這樣教導是自大的，他們拒絕了肉體的〔新〕生命，也鄙視上帝所創造的。[5]

由上帝的靈實現的同歸於一，由耶穌的死和復活完成，在那裏祂大大勝過罪、死亡和魔鬼。由於祂**以肉身**實現的這場勝利，祂重新奪回整個創造秩序。

客西馬尼園將在伊甸園發生的事情顛倒過來，現在上帝會在祂重獲的園子中永遠施行統治。祂的世界現在是祂棲居的地方。祂的榮耀顯明，直到地極。

> 因此祂完全更新萬物，既與我們的敵人作戰，也粉碎他。這敵人從開始便令我們在亞當裏被擄。祂踐踏敵人的頭，正如你在創世記中看到上帝對蛇說：「我又要叫你和女人彼此為仇；你的後裔和女人的後裔也彼此為仇。女人的後裔要傷你的頭；你要傷他的腳跟。」從那裏開始便宣告說，從童女生的，好像亞當那樣，會等待蛇的頭——這是使徒在加拉太書所說的種子：「律法原是為過犯添上的，等候那蒙應許的種子來到。」他在同一封書信也更清楚地表明這點。他說：「及至時候滿足，上帝就差遣祂的兒子，為女子所生。」敵人是不會被公平地征

> 服的，除非征服他的是〔由〕女子〔所生〕的人。因為從一開始，他對人的能力，與人為敵，便是藉著女人而實現。由於這個原因，主也宣告自己是人子，在祂裏面更新原始的人，從這人開始〔人〕便由女人形成，以致我們的族類因為一個被征服的人而下到死地時，我們可以因為一個克勝的人而重新升起，得到生命。而正如死亡藉著一個人勝過我們，我們也可以藉著一個人接受對死亡的勝利。[6]

提出古代教會的神學，是要顯示崇拜**實行這種神學**。它歌唱、講述和重演上帝的故事，而不是**我的**故事。因此，那時和現在，崇拜的主要焦點都不是我這個崇拜者，而是救贖世界的上帝。崇拜實行上帝的故事，而上帝是崇拜的主體，我們可以說祂重複自己的故事。上帝透過崇拜，透過祂的故事在我身上工作，從我嘴唇中引出讚美，在我的生活中引出順從。發生這樣的事時，崇拜便出現。

記念和預嘗的古老例子

古代禮儀有很多記念和預嘗的例子。我會以兩個著名的例子說明這些主題的重要性，一個來自聖言的崇拜，另一個來自聖餐禮的崇拜。

古代聖言的崇拜一個記念的例子

第一個例子來自正典以外現存最早的講章。這講章屬於撒狄的墨利托（Melito of Sardis），在大約公元一九五年的復活節守夜中講述。在復活節大守夜中，總是讀出出埃及的記述，然後是講道，歡慶復活這新的出埃及。整篇講章都建基於逾越節事件和基督事件的象徵。講章以以下這些話開始：

> 希伯來人出埃及的聖經已經讀出，
> 奧祕的言語已經宣告；
> 羔羊怎樣獻上，
> 百姓怎樣得拯救，
> 法老怎樣被那奧祕鞭打。[7]

講章頭三分一全都是關於上帝愛以色列，釋放以色列脱離法老的奴役，帶他們過紅海，救贖他們成為上帝自己的百姓這歷史。敍述了上帝對以色列的供應後，墨利托講述上帝對以色列的拯救行動怎樣是一種可以在基督裏找到的成全。

> 那麼，正如暫時的例子那樣，
> 永恆的事情也是這樣；
> 正如地上的事情那樣，
> 天上的事情也是這樣。
> 因為事實上，主的救恩和祂的真理在百姓裏面預示，
> 福音的命令由律法預早宣告。

> 因此，百姓是一個類別，好像初步的草圖，
> 而律法是類比的書寫。
> 福音是律法的敍事和實現，
> 教會是現實的寶庫。[8]

在講章的這個地方，墨利托在內容上作出了改變。他回到伊甸園，墮落，以及其後上帝介入族長的歷史，為以色列體現的那種將來救贖預備舞台。「你們聽到那類別的敍事和

它的對應：現在聆聽那奧祕的確定吧。」[9]

那奧祕是墨利托恰當地總結的整個聖經敍事。他開始說：「起初，上帝」創造園子，將男人和女人放在裏面。但他們「不服從上帝」，因此「被拋進世界」，在那裏「很多其他異乎尋常和最可怕及放縱的事情都在百姓中發生」。因而「主預早預備自己受苦，在族長、先知和所有百姓中間」。[10] 這樣，從以前的預示到類別的異象那主的奧祕，今天都實現和找到信仰。

墨利托接著講述摩西、大衞、耶利米和以賽亞的預言。他總結說：「很多先知也宣告很多其他關於復活，也就是基督的奧祕的事情，願榮耀永遠歸給祂，阿們。」[11]

現在墨利托談到道成肉身。祂「以人的身分來到」，「釋放人們脫離苦難」。祂「殺死殺人者」，祂「救我們脫離魔鬼的奴役」。祂「解救我們脫離奴役，讓我們得自由；從黑暗進入光明；從死亡進入生命」。

這是被殺的羔羊，
這是無言的羔羊，
這是由馬利亞那美好的母羊所生，
這是從羊羣中取出的那一隻，
被帶去屠宰。
祂在黃昏被獻上，
在晚上被埋葬；
祂在木頭上沒有被折斷骨頭，
祂在地下沒有被消滅，
祂從死裏復活，使人類從墳裏復生。[12]

墨利托的講章快要結束時，將開始到結尾的一切連繫起來，顯示基督是宇宙的中心，所有歷史和將來的國度都透過祂得到解釋：

> 是祂創造天和地，
> 從最初造成人類，
> 透過律法和先知得到宣告，
> 從童女取得血肉之軀，
> 被掛在木頭上，
> 被埋在地裏，
> 從死裏復活，
> 升到天上的高處，
> 坐在天父的右邊，
> 有能力拯救萬物，
> 天父從開始到永遠都透過祂行動。[13]

墨利托《論復活節》（*On Pascha*）的譯者對這本書寫了一個導論。他在結束時的話對我們很有啟發性，因為他思想墨利托的著作中存在的記念和預嘗。

> 《論復活節》是禮儀文件。猶太人將記念理解為一個令過去成為現在的現實的方法，並在將來的盼望中帶有過去的祝福。根據這個理解，我們可以明白，對墨利托和他的聽眾來說，禮儀是上帝在耶穌基督裏的榮耀，復活的勝利和受難的痛苦，聖經宣告的奧祕和拯救的經驗，現在和將來有了生命和現實的所在。[14]

很明顯，讀經和講道是記念上帝大能的拯救作為，並預期祂最後勝過所有邪惡；上帝過去的作為預期上帝的將來。對墨利托來說，崇拜實行上帝的故事。

古代聖餐崇拜中一個預期的例子

為了說明古代教會中的記念和預期，我會引用聖餐禮禱告的最早例子。這個禱告由羅馬的希坡律陀（Hippolytus of Rome）在大約公元二一五年記錄。它呈現了各地聖餐禮禱告的共同結構和內容。它有很多不同版本，但禮儀學者相信，《論使徒傳統》（*On the Apostolic Tradition*）是第三世紀及以後東西方禱告的禮儀的原始資料。[15]

根據希坡律陀所記，這些禱告的要素可以追溯到殉道者猶斯丁（公元 150 年）。他寫道，年少時他已經聽到現在他寫下的禱告內容。正如前面提過，根據猶斯丁，主禮人「**按他的能力**獻上禱告和感恩」（粗體為引者所加）。這句話表示在最早的發展階段，禱告是自發的。希坡律陀現在宣稱他將禱告寫下來，作為給牧者的指引。他似乎無意要禱告總是以同樣的話說出，而是要在禱告在牧者間代代相傳時保存它的結構和真理。聖餐的禱告在遲很多才在不同的基督教中心標準化。以下是希坡律陀記錄下來的禱告，旁邊是我的註釋。

希坡律陀的文本[16]

禮序	文本	註釋
願主與你們同在（*Dominus vobiscum*）	願主與你們同在 **眾人說：** 也與你的靈同在。	
將心朝上（*Sursum Corda*）	將心朝上。 我們有（它們）與主一起⋯⋯ 這是合宜和正確的。	崇拜升上天上，圍繞上帝的寶座。

開始禱告	上帝啊，我們感謝祢，透過祢愛子耶穌基督，在末時祢差遣祂來作我們的救主和救贖主以及祢旨意的天使；……	禱告和感恩的開始是一個宣告。
聖潔頌（Sanctus）	〔在希坡律陀的禱告中沒有〕	在聖潔頌中，教會加入天使和天使長那天上的歌曲。
感恩禱告	……祂是祢不能分開的聖言，透過祂祢創造萬物，祢因祂而十分喜悅。祢從天上差遣祂到童女的子宮中；在子宮裏成孕，祂成了肉身，顯明為祢的兒子，從聖靈和童女而生。祂實現祢的旨意，為祢取得聖潔的百姓，祂在應該受苦時伸出祂的手，讓祂可以使那些相信祢的人脱離苦難。祂被出賣，甘願受苦，以致可以消滅死亡，打破魔鬼的束縛，踐踏地獄，光照義人，確定條件，顯明復活，……	感恩的禱告回憶上帝在歷史中的大能行動，特別是上帝在耶穌基督裏的拯救行動。留意禱告在重述創造、道成肉身、死亡、復活、推翻邪惡和設立教會時那信經性質。
設立的話	……祂拿起餅來，感謝祢，然後説：「拿來吃，這是我的身體，為你們擘開。」祂同樣拿起杯來説：「這是我的血，為你們流出；你們這樣做，為的是記念我。」	桌前的行動的核心是重複耶穌的話。
記念禱詞（Anamnesis）	因此記念祂的死和復活，我們獻給祢餅和杯，感謝祢，因為祢令我們配站在祢面前事奉祢。	*Anamnēsis* 這個詞表示「回想」，不單指思想上的記憶，也指神聖的行動，在其中基督——教會的頭——和教會這身體一起得到記念。
奉獻		這是獻上教會的讚美，是對上帝的服事。
求降聖靈文（Epiclesis）	我們祈求祢差遣聖靈到祢聖教會的奉獻；將她聚集為一，對所有接受神聖事物的人，祢都給他們（接受）聖靈的完滿，增強他們對真理的信心；……	祈求聖靈，讓那些參與的人可以藉著聖靈的工作在真理中得堅固。

結束的榮耀頌	……讓我們可以透過祢的兒子耶穌基督讚美和榮耀祢，透過祂願榮耀尊貴歸與祢，在祢的聖教會中，歸與聖父、聖子、聖靈，從今時直到永永遠遠。阿們。	禱告以三一的榮耀頌結束。

首先留意禱告的結構。它圍繞三一上帝組織起來。三一不是作為抽象的觀念提出來——一個上帝坐在天上，名叫父、子、聖靈。不，上帝居住在天上，但在地上也很活躍，祂藉著打敗罪和死亡的勢力而將祂的世界奪回。

第二，留意禱告三個主要部分的內容。禱告始於天上，以一個開始禱告和聖潔頌（希坡律陀中沒有，但幾乎所有現存的第三世紀禱告都有）開始。在古代教會，初期教父引述啟示錄（古代教會的崇拜手冊），視地上的教會為在聖餐禮禱告中升上天上，與天使、天使長和所有天軍一起向上帝獻上感謝。

禱告接著講述教會獻上感恩的原因。在感恩禱告中，我們看到記念和預嘗。這個禱告的意義有點含糊，不過它將創造、道成肉身和再創造連繫起來。它集中在得勝者基督，及祂消滅死亡、打破魔鬼的束縛、踐踏地獄而帶來的解救之上。由於祂實現了祂父的這個使命，祂「打開了天上的窗戶」（這是禮儀中經常使用的句語），令整個創造秩序得以挽回。接著敍述的段落以設立的話結束。

最後，禱告轉向聖靈。禱告要求聖靈做祂的工作，上帝差遣聖靈到教會，令它成為一。禱告要求聖靈祝福所獻的餅和酒，讓領受的人可以經歷餅和酒所見證的對真理的肯定。

我們從這兩個來自古代基督教崇拜主要的結構和內容的例子，可以看到崇拜散發記念和預嘗。兩個主題都牢牢植根於猶太人的崇拜，並在教會的崇拜中延續。這就是聖經崇拜的關鍵。我們應該怎樣處理它？

將記念和預嘗應用到歷久常新的崇拜

我在這本書中一直都強調崇拜怎樣實行上帝的故事或異象。還有另一種方法說明這點：**崇拜實行真理**。

古代教會用 *lex orandi; lex credendi; est* 這句話掌握崇拜怎樣實行真理。如果嚴格地翻譯，這句話的意思是「禱告的法則是信仰的法則」。另一個說明這句拉丁語的要點的方法是說：「讓我看你怎樣崇拜，我就會讓你看你相信甚麼。」如果我們**怎樣**崇拜模塑我們相信**甚麼**，我們必須留意我們怎樣崇拜。如果崇拜由文化模塑，便會帶來受文化影響的信仰。如果崇拜由自戀模塑，便會帶來以**自我**為取向的消費者信仰。那麼，我們怎樣打破受文化束縛的崇拜，令崇拜回復到上帝的故事，讓這故事按基督的形象模塑我們？我已經提到兩個來自初期基督教崇拜的提示。第一個是恢復崇拜的禮序；第二個是恢復崇拜的內容。

恢復古代的崇拜禮序

首先，崇拜的禮序本身與崇拜怎樣反映關於耶穌的真理有關。我挑戰每一位牧者、音樂事奉人員和崇拜領袖，看一看你們的教會現在怎樣安排崇拜，然後問：「崇拜的禮序實際上傳達甚麼？它怎樣滲進我們的信仰，模塑我們的屬靈生命？」

如果你崇拜的結構朝向為「觀眾」提供「節目」，**節目**和**觀眾**這些話對你的崇拜有甚麼含義？它們說崇拜是表演。這種對崇拜的觀點，源於從印刷轉換為以廣播作溝通媒介。雖然電視在二十世紀四五十年代引入，但直到六十年代，媒體革命才真正開始影響文化和崇拜。到了七八十年代，節目設計變成科學。崇拜跟從文化的輪廓，崇拜領袖變成節目設計人。有些崇拜領袖忽略內容，喜歡技術編排。我曾經在一些會議發言。那些會議的崇拜設計細緻到以分鐘計。在「節目」（現在稱為「聚集」）開始前的某個時間，節目聯絡人要我坐下來，看整個崇拜的流程。節目設計通常是這樣的：

> 我們準時十點鐘開始，唱一些歌，直到十時十八分。從十時十八分到十時二十分，我們有禱告和歡迎。報告由十時二十分到十時二十四分。十時二十四分到十時三十分再唱一些歌。十時三十分和十時三十八分之間會有一個短劇。你會從十時三十八分開始講道，直到十一時二十三分。講道後會再唱一些歌，直到十一時二十九分。然後在十一時二十九分至十一時三十分是結束禱告。明白嗎？
>
> 明白……
>
> 節目就是這樣。讓我們祈求上帝祝福吧。

實際上，這個說明只是一個比喻，顯示「崇拜時間安排」的設計是怎樣的。通常崇拜的不同「節目」的時間安排，都細緻到以秒作為計算單位，好像複雜的電視節目一樣。

這種崇拜的目的往往由渴望討觀眾喜悅來推動。人們提出的問題可能包括：

> 你享受今天的崇拜嗎？
> 它的進度夠快，以致可以令你保持注意力嗎？
> 那短劇怎樣；它恰當地為講道作準備嗎？
> 有沒有任何演出者超時？

我們可以怎樣令下一個崇拜更吸引？

可惜觀眾要求「不要重複同一方式」，或「這個崇拜令我喜歡的是，你永遠不知道將會有甚麼事情發生」，這最終只會令領袖身、心、靈都疲累不堪。

一個崇拜領袖告訴我他的教會十分喜歡富創意的崇拜。我說：「給我一個例子吧。」

「唔，上星期我們以祝福開始，以號召參加崇拜結束。」

「那真的頗為不同！」我在嘗試控制我的震驚時說。

任何到訪不同教會的人都會看到，若**節目**、**主題**和**創意**是計劃崇拜時最主導的因素的話，便迫使領袖設計由文化推動的崇拜。我關心的是，由文化推動的崇拜會培養由文化模塑的屬靈生命。如果這是真的話，我們怎樣糾正現時的崇拜實踐，令它實行真理，以更深刻、更合乎聖經的靈性模塑會眾？我提議我們再次細看古代崇拜的禮序，提出它怎樣模塑屬靈生命這個問題。

古代的崇拜禮序是聖言和聖餐桌。崇拜是根據啟示和道成肉身安排。上帝首先透過啟示向世界揭示。然後，上帝在耶穌基督裏成肉身來到世界，祂實現我們的救恩。這個啟示—道成肉身的禮序不是偶然的；它是上帝的故事的外在工作的基礎。上帝的故事在聖言和聖餐桌中宣告。我們**聆聽**上帝的故事；我們**看見**上帝的故事。這個結構在使徒行傳二章 42 節對崇拜的第一個描述中可以看到，在那裏門徒在團契和禱告的背景下聚集，「聆聽使徒的教導」和「擘餅」。這個聖言和聖餐桌的結構依從另一個對崇拜的古老描述——革流巴和他的同伴在往以馬忤斯路上的經驗。（路二十四章）首先，耶穌「凡經上所指著自己的話都給他們講解明白」（路二十四 27）時，他們聽到那個故事。其次，「到了坐席的時候，耶穌拿起餅來，祝謝了，擘開，遞給他們。他們的眼睛明亮了，這才認出他來」（路二十四 30～31）。講述和上演上帝的故事是有方法的，那就是聖言和聖餐桌的雙重崇拜。因為在這裏，在崇拜的禮序中，上帝的故事，我們崇拜的實質，得到揭示，上帝在祂的榮耀中讓人看見。

恢復崇拜的古老內容

第二，崇拜的禮序反映崇拜的**內容**。這是描述聖經的崇拜的一種簡單方法，讓我們開啟這幾個字指向的豐富和深度。崇拜的主要焦點是上帝的故事，不是我的故事或某個特定國家的故事，而是上帝與所有受造物和創造的關係。那個故事包含從創造到再創造的所有人類經驗和所有世界歷史。

在這本書中，一直用來指向上帝的故事**怎樣**連繫到崇拜的兩個詞語，是**記念**和**預嘗**。它們是聖經和歷史的崇拜兩個主要的行動。那故事透過讀經和講道得到記念；也透過聖餐桌得到**預嘗**。那故事也是我們歌唱、禱告和見證的實質。它模塑我們的環境，決定怎樣運用藝術，並引導我們所做的其他一切。雖然上帝是崇拜的主體，在百姓中間行動，但卻是上帝的**百姓**記念上帝的故事，他們不是作為觀眾，而是真正參與那個故事，講述關於世界和所有人類存在的真理。崇拜的實質的這兩方面是那內容，也就是上帝的故事，以及百姓用來記念和預期上帝的故事的能量。

有一幅圖畫捕捉了崇拜中神性和人性的實質；那就是米開安基羅（Michelangelo）描述上帝向人伸手，人也向上帝伸手，兩者的手指幾乎觸碰的圖畫。那兩根手指表明：是上帝開始與我們的關係，但人必須回應。那個故事講述上帝和人曾經在樂園中聯合起來，但現在被墮落所阻隔，他們怎樣表達那聯合。但那伸出手指接觸上帝的手指的人，並不是我們每一個人。我們可以說，那是一個人的手指，那個人為了所有人重新建立人與上帝之間的聯合，而祂的名字是耶穌。

聖經教導說耶穌是我們的崇拜，驅走所有由自我產生崇拜的觀念。我們是墮落的受造物，我們與上帝的聯繫被破壞、扭曲、打破，甚至中斷。我們反叛上帝，走向遠離上帝的方向，倒向自我，透過自我實現宣告拯救。我們的手指並不伸向上帝，而是伸向自己，我們崇拜和愛慕自己，以自己為宇宙的上帝，一切都圍繞自己運行。上帝的整個故事是關於耶穌，成肉身的上帝，祂成為人，讓我們可以與上帝聯合。

崇拜揭示耶穌基督的工作。祂自己是上帝永恆的 *leiturgia*（禮儀）。（禮儀這個詞是常見的希臘詞語，指你的工作或職業。木匠、醫生、律師都有自己的工作或禮儀。）基督的工作現在在天上繼續，在那裏祂實行永恆代求的工作。祂是那獨一的人，事奉上帝，並透過祂的服事，贏得受造物和創造，令他們重歸上帝。祂實現並取代會幕和聖殿的所有禮儀，而會幕和聖殿都指向祂。祂是新的亞當，新的約，新的割禮，新的安息日休息，新的逾越節羔羊。在祂裏面，「上帝感到喜悅，祂的完滿都棲居其中」，以致「透過基督」，上帝可以「藉著他在十字架上所流的血成就了和平，便藉著他叫萬有，無論是地上的、天上的，都與自己和好了」（西一 19～20）。我們「受洗與他一同埋葬，也就在此與他一同復活，都因信那叫他從死裏復活上帝的功用」（西二 12）。

耶穌基督為我們做我們不能為自己做的事情。身為成肉身的上帝，祂是我們的順服，是我們的信仰，是我們的新生命，是我們在父面前永恆的代求。在亞當裏失去的，在耶穌基督裏得到挽回。上帝**成為**第二亞當，扭轉第一亞當的失敗。因此，創造的上帝成了肉身，讓祂可以再創造，並從反叛祂的力量那裏贏得祂的創造和受造物，令他們重新歸祂。在歷史終結時，第二亞當最終會粉碎邪惡的掌權的，永遠打敗它們在世上的存在和能力。那麼，上帝的百姓的實行的崇拜是甚麼？我們記念上帝的拯救行動，並預期祂的異象，祂最終統治所有創造。

透過對真理的熱誠從歷久常新的崇拜中得到培育

因此，古老的崇拜實行真理。我們需要做的是研究古老的禮儀，清楚看到禮儀以它們的禮序和在它們的實質中實行真理。正因為這樣，今天很多年青人都在崇拜中加入古老的元素。

在北美，在幾乎每一間福音派大學和神學院，對由文化推動、好像節目般的崇拜感到反感的學生，都在試驗古老的崇拜。他們實行依從聖言和聖餐桌的禮序的崇拜。他們引入更多讀經，更多互動的連禱，更多古老聖詩，更多安靜的時間，以及傳遞和平。崇拜幾乎總是聖餐禮的。人們上前領受聖餐，在領受餅和酒時唱教會偉大的聖詩，並加插關係的歌。而且通常在領受餅和酒時也會抹油和按手，並祈求醫治。人們也很關注創造一個環境，有敬畏、安靜和專注的禱告，讓上帝故事的意義在默想中得到接受。這樣恢復古老的實踐，不單是恢復禮儀，而是深入、深刻和熱誠地投入真理——這真理形成和模塑屬靈生命，令它活像基督，源自呼召過敬虔和聖潔的生命，更深地委身於公義和窮人的需要。

這些較年青的福音派人士的動機，不是反抗他們父母那一代那種由文化模塑、節目般的崇拜，而是真誠和真實地恢復真理，熱誠地渴望成為耶穌的真門徒，按基督的形象受模塑的人。這些年青人重新發現的是崇拜培育他們的屬靈身分，令他們委身於以更深刻地委身的方式實現屬靈生命。

結論

我開始這章時指出更正教崇拜在結構和內容方面的危機。在整本書中，我都將聖言和聖餐桌的模式交織在一起，加上聖經的強調：記念上帝大能的拯救行動，和預嘗上帝對獲挽回的世界的異象。

關於崇拜怎樣實行上帝的故事和異象，還有很多話可以說，但篇幅不容許我舉更多例子。不過，我要說崇拜的所有方面——認罪、講道、禱告、傳遞平安、安靜、聖餐禮，然後在基督教年舉行特別崇拜，或參與婚禮、按立禮，甚至喪禮——最終都源自上帝的故事，以它作為它們的來源，有能力模塑我們的靈性。

個人崇拜的一個方法是因為崇拜所實行的故事而喜悅。崇拜的喜悅不是：

「那是很好的節目！」
「我喜歡今天的音樂。」
「這是多麼有娛樂性的講道。」
「我真的感到我今天在崇拜。」
「跳舞，呼喊『阿們！』，與鄰舍擊掌真的很有趣。」

這些描述最終是因自己而喜悅，彷彿「我做到了；我突破了；我真的敬拜了」。產生這種回應的崇拜不是崇拜。真正的崇拜產生以下感覺：

「這是多麼偉大的故事！」

「我不能相信上帝會為世界和我這樣做。」

「成為人，透過基督挽回萬物的上帝多麼偉大啊。」

對某些人來説，他們會以熱情接受在崇拜中宣告的真理，另一些人則含蓄地接受上帝故事的真理，以安靜的喜樂，甚至寬慰來接受。但對我們所有人來説，實行上帝故事的崇拜都應該帶來一種產生參與的喜悅。

由於上帝是在崇拜中在我身上行動的主體，我的參與並非化約為言語的回應或歌唱，而是活在那在崇拜中顯明的一位的模式中。上帝身為崇拜的主體，透過基督的真理行動，這真理在崇拜中記念和展望。這真理以上帝的靈模塑我，藉著呼召我向罪死，並在復活中生活，令我活出我與耶穌的聯合。

註釋

1. Justin Martyr, *The First Apology of Justin, the Martyr*, in *Early Christian Fathers*, ed. Cyril C. Richardson (Philadelphia, PA: Westminster Press, 1953), 67, 287.
2. Irenaeus, *Against Heresies*, book III, 12, in *Early Christian Fathers*，粗體為引者所加。
3. Irenaeus, *Against Heresies*, book III, 12, in *Early Christian Fathers*，粗體為引者所加。
4. Irenaeus, *Against Heresies*, book IV, 2, in *Early Christian Fathers*, 386.
5. Irenaeus, *Against Heresies*, book IV, 2, in *Early Christian Fathers,* 386.
6. Irenaeus, *Against Heresies*,, book IV, 12, in *Early Christian Fathers*, 389-390.
7. Melito of Sardis, *On Pascha*, trans. Alistair Stewart-Sykes (Crestwood, NY: St. Vladimir's Seminary Press, 2001), 37.
8. Melito of Sardis, *On Pascha*, 37.
9. Melito of Sardis, *On Pascha*, 48.
10. Melito of Sardis, *On Pascha*, 52.
11. Melito of Sardis, *On Pascha*, 54.
12. Melito of Sardis, *On Pascha*, 56.
13. Melito of Sardis, *On Pascha*, 66.
14. Melito of Sardis, *On Pascha*, 34～37.
15. Hippolytus, *On the Apostolic Tradition*, intro. Alistair Stewart-Sykes (Crestwood, NY: St.

Vladimir's Seminary Press).

16. R. C. D. Jasper and G. J. Cuming, eds., *Prayers of the Eucharist: Early and Reformed*, 3rd ed. (Collegeville, MN: Liturgical Press, 1990), 34～35.

第六章 | *Word* |

| 聖言：由聖經的敍事本質轉化 |

我們在崇拜中由耶穌基督培育，祂是永活的聖言，在聖經——上帝寫下的聖言——中向我們揭示。雖然我們福音派強調聖經的重要性，但我們中間似乎有聖言的危機。讓我們考慮一下兩位福音派牧師所說的話吧。

斯努克（Jason Snook）牧師說：「更正教特別遠離對聖言的強調，而它的來源正在於聖言，這是多麼諷刺啊！」[1] 維貝（Dave Wiebe）牧師認為我們身處「合上那本書」的時代。他相信「愈來愈多人選擇認同或跟隨不是在那本書中，或者不是建基於那本書的信仰；那些信仰是文化和社會的神話」。[2] 倘若這些話揭示有甚麼事情正於我們的崇拜內發生的話，我們便顯然需要重新思考我們在崇拜中對聖經的態度。

聖言的危機

聖經面臨的其中一個危機是；我們站在聖經上面，從外面閱讀上帝的敍事；而不是站在敍事裏面，以局內人的身分閱讀聖經。「從外閱讀」的兩種主要方式，包括透過對文本進行歷史和文學鑑別來閱讀聖經，或者以相反的方式對待聖經，就是閱讀聖經以找出「它對我說甚麼」。前者是徹底客觀的，後者則完全主觀。這些「外在」形式都沒有根據聖經的敘事本質來閱讀它，也沒有充分揭示上帝統治整個創造的異象。

透過歷史和文學鑑別閱讀聖經

理性和科學在現代興起，作為哲學上的普遍特質，一切都透過它們來解釋。但這卻錯誤地影響我們對待聖經的方法。理性和科學怎樣應用到聖經文本的故事實在太複雜，不能在這裏詳細講述。我只需要說，在十八世紀出現了歷史和文學鑑別後，人們閱讀聖經的方式和宗教改革或以前都不相同。

將歷史鑑別應用到聖經的學者對聖經在歷史上的準確性提出認真的問題。他們問：

聖經的事件是真實的歷史事件嗎？
創造的故事描述一件在歷史中真實發生的事件嗎？
真的有洪水嗎？
亞伯拉罕和摩西真的是歷史人物嗎？
出埃及事件真的在歷史中發生嗎？

這些問題不單應用到舊約，他們對新約也提出同樣的問題。在一個稱為「追尋歷史中的耶穌」的運動中，他們甚至提出關於耶穌的歷史真實性的問題。這些關於在歷史上能否證實的問題，今天在某些圈子中仍然繼續存在，特別是著名的耶穌研討會（Jesus Seminar），在那裏，自由派的學者尋求測定聖經中耶穌的話有哪些真的是祂說的。

另一羣學者稱為文學鑑別學者，他們以不同的問題對待聖經。他們想知道聖經的書卷怎樣形成。以前人們相信，如果一卷書以某個人為作者，那個作者便理所當然地是那卷書的作者。但文學鑑別學特別將舊約看為源自不同羣體，反映那些羣體的特別洞見。他們論證說，最後一個編纂人將這些不同故事交織在一起，變成我們今天的聖經。文學鑑別學宣稱能夠找出這些不同的寫作風格，因此可以發掘出不同的思想學派，以及帶來舊約文學不同分支的不同羣體。這些學者對新約也採取類似取向，例如：他們提出歸於保羅名下的書卷是由保羅學派的人，而不是保羅自己寫成的。歷史和文學鑑別學背後的中心思想是：聖經是人的產物，是人類對上帝的追尋，不是來自上帝自己的啟示。

那麼，歷史和文學鑑別學的閱讀聖經方法怎樣影響我們閱讀和宣講聖經的方法呢？自由和保守的基督徒陣營都引入了一種新的閱讀聖經方法。保守的基督徒閱讀聖經，不是要找出聖經說甚麼，而是要證明它在歷史和科學上的準確性，為聖經不同書卷的作者的身分辯護。由於自由派的批評者教導說，聖經在歷史和科學上不準確，保守派確切地看到聖經的真理作為來自上帝的啟示面對威脅。保守派對抗自由派的論證集中在確信上帝不能說謊上。由於上帝並不說謊，聖經關於歷史和科學所說的一切都必定是準確的。因此，保守派以辯護的方式閱讀聖經。

保守派急於證明聖經是歷史和科學文獻時，聖經敘事原本的意義便失落了。例如：創造敘事的目的，由上帝的禮儀和祂對世界及世人的異象，變為歷史和科學地論述世界的開始。歷史和科學的閱讀聖經方法，令讀者遠離「聖經中的誰」，走向「創造的何時及如何」。宣揚對聖經採取歷史或科學取向的人，開始爭論七日創造的理論、年青地球的理論、出埃及事件發生於某特定日期的有效性等問題。支持基督的歷史真實性的證據成了聖經研究的**真正**問題。這種護教和辯護式的閱讀方法，被真誠為聖經辯護的人帶到講壇。隨著「證明聖經是真實」變成主要的問題，上帝想與受造物和創造有甚麼關係的異象便被拋棄。同時，聖經的敍事本質和上帝在整個歷史中的故事便告失落了。

例如：我在神學院接受的教育很大程度上集中在歷史和文學問題上。這個論述可以用理性、科學或考古學來證實嗎？這段經文是由宣稱是它的作者寫的嗎？還是有其他人寫這些話？我很快便發覺自己被這些問題纏住。它們有辦法將我引入它們的軌迹。我發覺，對聖經採取學術取向是刺激和令人興奮的。它促成有趣的討論和辯論，但不久我便發覺自己在提出更重要的問題：這段經文有甚麼意思？我應該聆聽甚麼？它有甚麼信息？我怎樣為自己的屬靈生命解釋這段經文？它對一般會眾在世界中的生命有甚麼話說？我很快便發覺，我在神學院接受的教育強調歷史和科學地閱讀聖經，但這是不足夠的。我受訓練為聖經的準確性辯護，但我實際上沒有以任何深度知道聖經對我，對我的學生，或對本地教會有甚麼話說。

我自由派的朋友也並不比保守派好。他們也引入歷史和文學的方法。但和保守派不同，保守派感到需要為了對抗批評聖經的人而證明聖經的準確性，自由派則透過神話重新解釋聖經。他們說，聖經的記述是源自宗教真理的故事。這些故事一再被講述和重述，漸漸發展成現在出現的形式。自由派認為，解釋者的任務是將故事解神話化（demythologize），藉以找出它們代表的核心真理。例如：我曾經探訪一位大學朋友，他在自由派神學院讀書。他十分熱誠地告訴我，對聖經的自由派觀點怎樣運作。他說：

例如：以耶穌在水面上行走的故事為例。很明顯，耶穌並沒有真正在水面上行走。這個故事很可能源自加利利岸邊。耶穌的追隨者在思想祂的事奉。或許有人說：「對，祂是那麼偉大，實在可以在水面上行走。」從這個無心的開始，故事便發展成講述耶穌在水面上行走。這個故事的事實並非祂在水面上行走，而是祂的門徒對祂所抱的驚歎和敬畏。因此，在水面上行走的故事對我們的價值在於它令我們產生對耶穌的敬畏和驚歎。

不過，好像理性地為聖經辯護一樣，自由派的神話式閱讀，對讀者和聽眾都沒有甚麼能力。聖經不能宣稱有任何獨特性。如果聖經被化約為神話，只是激起神聖的觀念，它與希臘神話或其他宗教的神話和故事有甚麼分別？

保守派和自由派都走進同一條死胡同。聖經對兩者都是死的。前者透過為聖經辯護而喪失對聖經的興趣，後者則透過視聖經為神話而喪失對聖經的興趣。那死胡同叫「失去意義」。人們不能從「我可以證明聖經是真實的」這種態度得到培育，說「它是充滿智慧的偉大神話」也不能提供任何支持。很多牧者都好像我一樣，對歷史鑑別學和科學證明失去興趣，放棄這種閱讀聖經的方式。但很多人沒有重新發現那敍事，而是受到靈感式、推動式和治療性講道模式影響。這些模式並不倚靠聖經知識。轉向治療式講道的可悲結果是：研究聖經文本及它的故事情節和異象，兩者皆受到牧者和眾人忽略。

對聖經的經驗式閱讀

福音派另外一個分支受到對聖經強烈的反智態度影響。他們是經驗主義者，他們說：「閱讀聖經，找出它對你說甚麼話。」這個思想派別可以在很多深受復興運動影響的教會和經驗性小組中找到。閱讀聖經可能變成這樣：一羣人聚集在家裏或教會閱讀聖經，並問：「它對你說甚麼？」這種取向的積極一面，是聖經不是被視為人類想像的產物，而是來自上帝的啟示。因此，上帝確實透過聖經說話。但這種閱讀聖經方法的消極一面，是想像變得不受控制。人們聽到自己想聽到的事情，而且他們往往對自己以為自己聽到的事情變得十分教條主義。而且或許更壞的是，人們宣稱有來自上帝的特別啟示。有時一些小組將聖經的教導放在一旁，集中在給他們當中一個領袖那「來自上帝的信息」。來自上帝的個人信息的重要性可能帶來一種迫切感，但長遠來說卻是有問題的，因為它視上帝在歷史的啟示的價值，不及最近期的個人洞見或所謂新的啟示。因此，聖經雖然在人們口中仍然寶貴，對日常生活卻沒有多大培育作用。它的價值也因而被貶低。

其他閱讀聖經的經驗式取向包括將聖經變成治療的書籍：以它作為教導生活的成功原則的書，以它作為發展個人關係的指引，或者以它作為提供神聖商業原則的書。我不懷疑我們可以從聖經發掘這些洞見，但這些對聖經的取向——歷史、科學、神話、經驗和治療，以及我提過的其他取向——全都似乎站在聖經**上面**，然後問：「**我**在聖經裏面看見甚麼？」因此在我們這個現代時期，聖經的危機是我們自己造成的危機。我們將自己放在聖經**上面**，令我們成為聖經的詮釋者，在聖經找我們想看見的東西，滿足**我們**帶到聖經的主要問題，無論是歷史、科學、神話、經驗、治療或成功生活和工作的原則。如果這不是閱讀或傳講聖經的方法，我們需要問，我們應該怎樣閱讀聖經？讓我們向古代的教父提出這個問題吧。

在古代教會閱讀和傳講聖言

現代的閱讀聖經方式，正如我在上面描述那樣，是永遠都不能培育我的屬靈生命的。我經常與那些在修讀過歷史和文學鑑別學課程後對閱讀聖經失去興趣的學生談話。我也與那些閱讀聖經，藉以從中為他們的需要找尋答案（例如治療、商業原則或某些這類推動因素）的人談話。這些人告訴我，尋找這些原則，最初的時候總是興緻勃勃，但一旦他們特定的好奇得到滿足後，他們對讀經便失去興趣。

那麼，你怎樣讀經，讓它以它無盡的深度培育你的屬靈生命？我發覺古代教父的方法帶人進入聖經，不斷從上帝的故事裏面餵養屬靈生命。由於古代教父閱讀聖經的方式也是使徒的方式，我們追求藉讀經得到培育時從使徒開始。

使徒閱讀和傳講聖經的方式

使徒閱讀和傳講聖經的方法是視耶穌基督為整本聖經的主體，所有歷史的主體。祂是所有時代惟一無所不包的故事。祂是人類歷史整個敘事的意義。在每一處都看見祂。祂在每一件事件中，例如創造和出埃及；祂在每個人裏面，例如摩西或大衛；祂在每個崇拜制度裏面，例如會幕、聖殿、安息日或逾越節。祂是「阿拉法和俄梅戛」（啟一 8），開始和終結。祂是彌賽亞，以色列的實現。（徒二 36）祂是「不可見的上帝的形像」。（西一 15）「父喜歡叫一切的豐盛在他裏面居住。」（西一 19）祂是「是首生的……萬有都是靠他造的」。（西一 15～16）「他在萬有之先，萬有也靠他而立。」（西一 17）透過祂，上帝喜悅「藉著他在十字架上所流的血成就了和平，便藉著他叫萬有，無論是地上的、天上的，都與自己和好了」（西一 20）。

我向一些牧者朋友提出這種「基督在聖經每一處」的釋經學時，有時他們對這個觀念有懷疑，有些人表示驚訝（「我以前從未聽過這事」），但他們總是加以檢驗，問我：「你從哪裏得到這個觀念？」答案是耶穌自己。在往以馬忤斯的路上，耶穌回應沮喪的革流巴和他的同伴時，指出聖經的**耶穌詮釋學**。「『無知的人哪，先知所說的一切話，你們的心信得太遲鈍了。基督這樣受害，又進入他的榮耀，豈不是應當的嗎？』於是從摩西和眾先知起，凡**經上所指著自己的話**都給他們講解明白了。」（路二十四 25～27，粗體為引者所加）新約作者和教父都透過耶穌基督的道成肉身、死亡和復活看上帝的整個故事，由創世記到啟示錄，由創造到再創造。因此，聖經培育我們，不是因為我們可以證明它正確，不是因為它是宇宙的偉大神話，不是因為它激起有趣的私人經驗；而是因為它啟示耶穌基督，第二亞當，祂令萬物與上帝和好（西一 20），祂現在活在我們裏面，呼召我們成為新人類。

宣告耶穌基督是所有創造和所有歷史的開始、中心和終結，並不受理性分析或歷史驗證，它也不是由任何人類的論證或護教式辯護決定。它只是透過順服的信心這行動而實現，那信心跳進故事中呼喊：「我信，求祢幫助我的不信。」我們將自己——包括我們的思想，我們的心，我們的靈魂，我們的意志，我們的身體——完全降服於這基督。祂活在我們裏面，正如保羅說：「基督在我裏面活著。」（加二 20）

保羅自己並不明白基督怎樣是一切中的一切，基督怎樣存在於猶太人的歷史中，基督怎樣實現過去的所有歷史，基督怎樣為了外邦人和整個世界，基督怎樣住在我們裏面。但保羅知道怎樣降服於基督的完全和「無處不在」這個真理。宣告了「是高處的、是低處的，是別的受造之物，都不能叫我們與上帝的愛隔絕；這愛是在我們的主基督耶穌裏的」（羅八 39）後，保羅在羅馬書九至十一章嘗試明白上帝對希伯來人的愛，在耶穌裏的實現，以及祂現在將自己獻給整個世界時，將外邦人也包括在內。最終，保羅也不能夠明白。他只是接受它，向上帝發出讚美，他雖然不完全明白上帝的道，但卻加以肯定。

深哉，上帝豐富的智慧和知識！
　　他的判斷何其難測！
　　他的蹤迹何其難尋！
「誰知道主的心？
　　誰作過他的謀士呢？」
「誰是先給了他，
　　使他後來償還呢？」
因為萬有都是本於他，倚靠他，歸於他。
　　願榮耀歸給他，直到永遠。阿們！（羅十一33～36）

基督對整個歷史和人類存在的意義的中心性，邀請我們進入耶穌基督裏面，透過祂我們閱讀整本聖經，由開頭到結尾。身為聖言的牧者，我們十分需要沉浸在上帝三一的故事中，詳細地闡釋基督在人類歷史中最大的戲劇中那主要的角色，那是**上帝的戲劇，祂成了我們的一分子，藉以拯救世界**。上帝拯救我們所有人這個主題——不是啟發性的主題，有推動力的講員，或龐大的治療性講道——需要恢復為我們教會的主要信息。這不單是使徒閱讀和傳講聖經的方法，也是古代教父和大部分實行歷久常新的崇拜的教會的方法。

古代教父閱讀和傳講聖經的方法

愛任紐是二世紀最有影響力的教父，他在《論使徒的宣講》（*On the Apostolic Preaching*）這本書中提出基督對上帝的故事的重要性。貝爾在他近年的譯本中寫了一篇導論。在導論中，他說：「愛任紐並不以我們以為的方式提出基督教，也就是把它作為一個神學信仰的系統。」貝爾指出，「愛任紐跟從使徒行傳那些偉大演說的榜樣，講述上帝的所有不同作為，這些作為在高舉祂被釘十字架的兒子，我們的主耶穌基督；以及賜下祂的聖靈和新的肉心這恩賜中達到高峯。」[3]愛任紐好像他以前的安提阿主教伊格那丟（Ignatius，公元 110 年）和殉道者猶斯丁（Justin Martyr，公元 150 年）一樣，依從以基督為中心的閱讀聖經方式。舊約預示耶穌，祂實現舊約的所有象徵。愛任紐將整本聖經當為上帝的故事來閱讀。那是上帝怎樣藉著聖靈的能力，透過耶穌基督拯救和救贖墮落的創造的故事。

這個詮釋的方法由初期的教父使用，被稱為對聖經的**借喻性**閱讀（figural reading）。在啟蒙時期，借喻性閱讀被否定和忽視。但追尋作者意圖的失敗和對讀者反應理論的相對主義的反對，令很多人再次回到借喻式的讀經方法。

借喻式地閱讀聖經會將聖經作為整體來閱讀。它會藉著想像力，以十分豐富和吸引人的方式，將希伯來聖經的事件和人物連繫到新約的事件和人物。主要的人物包括：

- 耶穌是新的亞當。（羅五 12～21）
- 耶穌是新的麥基洗德。（來七章）
- 耶穌是新的摩西。（約三 14）
- 耶穌是新的約書亞。（來四 1～13）
- 耶穌是新的大衛。（約七 40～42）
- 耶穌好像約拿。（太十二 39～41）
- 耶穌也是新的出埃及。（林前十 1～13）

- 耶穌是新的會幕，新的大祭司，完成最後的獻祭，現在在天上的會幕為我們代求。（來七～十章）
- 耶穌是新的逾越節羔羊。（林前五 7）
- 耶穌是新的安息日。（來四 9～11）

整本聖經的敍事都是關於耶穌基督。我們在任何地方和一切中都找到祂。在整本聖經中找到基督，是十分古老又十分新的閱讀聖經方式。

初期教父在閱讀聖經時雖然以基督為中心，但卻沒有忽略聖父和聖靈。聖子的生命與聖父和聖靈團契。聖父差派聖子去救贖，拯救世界脱離那惡者的束縛。聖靈將生命吹進世界，給預示基督的所有事件和人物生命。祂存在於舊約的所有事件，以及耶穌的事奉和工作中。祂現在存在於教會和上帝的子民中間，對所有奉基督的名而活的人，給予基督有意識和刻意的生命。我們受洗歸入耶穌的死亡和復活時，是聖靈給我們在基督裏的新生命。這樣我們便被帶進上帝的羣體的生命中，在那裏我們在父、子、聖靈的愛中團契。

因此教會的教父在閱讀和傳講聖經時雖然以基督為中心，但也是三一的。因為父是差遣的上帝。祂差派子；祂差派聖靈。透過祂們（上帝的雙手），奪回世界的工作得以實現。因此，以基督為中心閱讀和傳講聖經，必須總是說「父是至高」，「聖靈是對所有預示子和由子實現的一切賜予生命和能力的現實」。

應用：在今天閱讀和傳講聖經

現代閱讀和傳講聖經的方法證明是有問題的。我們現代人以我們的歷史、文學和語言工具站在新約的經文上面，清除樹枝，揭露作者想傳達的惟一意義。

或許我們將我們的追尋限於找出作者的意圖，是因為我們害怕稱為「讀者反應理論」這種對經文更經驗性和後現代的取向。這個理論不理會作者的意圖，主張經文的意義是由讀者解讀而得到的意義所決定的。對閱讀那高度主觀的取向，是由現代推崇理性和科學走到另一個極端。如果讀者認為經文有甚麼意思，經文便有甚麼意思，它便沒有真正的意思。

我們現在處於後現代世界，被困在兩個死胡同中間。有沒有路可以帶我們脫離極端客觀主義和極端主觀主義？

有這樣的路，但要找到這條路，我們必須將我們閱讀聖經的啟蒙取向逆轉過來。我們不應該用我們的詮釋工具來驗證聖經，詮釋聖經，或者從中找出生活的原則；而需要走進聖經，將自己放進聖經裏，容許它詮釋生命的一切，包括我們的日常生活和世界歷史。但我們怎樣站在聖經裏面，讓它詮釋整個世界，包括我們此時此刻的個人生命？

我們必須將聖經作為真實的來閱讀和傳講。要這樣做，我們必須避免倚靠以歷史或科學驗證聖經為真實。聖經本身就是世界的詮釋，以它的內在結構和內容自我驗證。

幾年前，我在惠頓學院教導一班研究生時討論聖經的危機。我反對閱讀聖經來證明它，或者將它當為神話來閱讀，或者透過治療、商業或個人成功的眼睛來閱讀它。其中一位學生是一個成熟的女士，她開始哭起來。她說：「我不知道怎樣閱讀聖經。我只聽過那些選擇。」她請求我：「請告訴我，我應該怎樣閱讀聖經？」

我回答說：「將它作為真實來閱讀。」

留意我沒有說「將它**當**為真實來閱讀。」那會是以神話的方式來閱讀。我也沒有說：「閱讀它並**使**它成為真實。」

那會是閱讀藉以證明它。我也沒有說：「閱讀它**找尋真理**。」那種閱讀方式通常尋找原則，令生命更成功。我們將聖經作為真實來閱讀，讓它記念上帝在歷史中的拯救行動，並預期上帝統治所有創造，必須採取甚麼步驟？

1. 以古老的思想傾向閱讀和傳講聖經

我們將聖經作為真實，作為上帝的故事來閱讀，必須採取的第一個步驟是以古老的思想傾向來閱讀它。我沒有低估這樣做的困難。我們大部分人都由希臘的思想傾向模塑。好像希臘人那樣，我們喜歡理性分析。我們想將生命的一切分類和系統化。我們想「給一切一個位置，讓一切都有它的位置」。我們希望有秩序，我們想明白生命和控制它。我們將這種思想傾向帶到聖經，堅持控制詮釋聖經的方法。我們站在聖經上面，變成它的真實性的裁判。

我們必須記得，基督教的根源是希伯來而不是希臘。耶穌是猶太人。祂的門徒也是猶太人。耶穌的生命和工作最重要的詮釋者保羅亦是猶太人。是的，初期教會很快擴展到羅馬，進入希臘文化，後來也傳給奴隸，進入非洲、西班牙、歐洲和北美文化，還有很多其他文化。是的，在每一種文化中，基督教信仰都接受了那種文化的某些方面。有時，基督教所進入的那種文化，將基督教愈發處境化，重塑甚至扭曲基督教信息。這是在美國和整個西方世界發生的事情。我們將聖經變成支持美國生活方式、個人主義、消費主義和政治影響的宣言時，便將它腐化。

如果我們要站在聖經**裏面**和**下面**，好像古代的人那樣，我們必須轉離希臘那種堅持理性化、分類和控制聖經的做法。我們必須開始整全、關係性和熱誠地閱讀聖經。

教父沒有視生命為割裂成神聖和凡俗。對他們來說，一切都是神聖的。根據我拒絕接受的希臘思想傾向，禱告和與上帝的關係構成生命的神聖部分，與工作、樂趣、婚姻或關係這些構成生命那凡俗部分的一切分開。這種取向分出一些時間「與上帝一起」。不過，古代、聖經的思想傾向視整天，事實上是生命的一切——工作、樂趣、婚姻和關係——為神聖的領域。不能逃避上帝的同在，因為上帝的靈是賜生命給所有生命的那一位。這種整全的思想傾向認真看待歷史，視上帝為介入整個歷史，由開始到終結。上帝產生以色列和教會。上帝存在於出埃及事件和基督事件中，也存在於一羣百姓的形成中。上帝藉雲柱、火、分開的水、石版、會幕那美麗的約定、獻祭、安息日、節期、先知、祭司和君王，給以色列祂同在的直接記號。在教會，上帝的同在在於聚集的百姓、他們的歌曲、聖經、水、餅、酒和油。上帝不是一種缺席和屬天的本質，只坐在高天上要求人們敬拜祂。上帝是行動的上帝，在世界和百姓中間生活、活動和存在。要肯定所有生命——而不單是部分生命——都是神聖的。要肯定上帝在人類存在的每一個細節中揭示。然後，站在聖經和上帝的故事裏面，讓它教導你向外看創造，在那裏每一處都象徵上帝，但在耶穌，上帝終極的像中，特別能夠象徵上帝。

2. 關係性和熱誠地閱讀和傳講聖經

要站在聖經裏面和下面，我們也必須帶著關係性來閱讀聖經。希伯來人並不以抽象方式理性地描述上帝，他們並不視上帝為供研究的對象。他們總是將上帝描繪為與祂的受造物建立關係的上帝。無論我們是站在亞當和夏娃、挪亞、亞伯拉罕和撒拉、摩西和米利暗、大衛和列王或以賽亞及眾先知旁邊，上帝總是在關係中讓人看見。摩西問上帝祂的名字時，祂以所有名字中最個人的名字回應：「我是我所是。」（出三 14）上帝與以色列的關係也總是以關係的語言來描繪——父親、母親、丈夫、兒子、女兒、朋友。以色列背叛上帝，遠離祂時，以色列的背叛和罪總是被描述為破裂的關係——破裂的婚姻、不忠的配偶、犯錯的孩子。新約的上帝和教會形象同樣強調關係。教會是「基督的身體」、「基督的新娘」、「羣體」、「信仰的家」、「信仰的團契」。因此站在聖經裏面，閱讀它，說：「我站在亞當、亞伯拉罕、摩西、大衛、伊利莎白、馬利亞和保羅與上帝的關係這個傳統裏。」從上帝的故事裏面閱讀聖經，為讀經帶來革命性改變，將它由單純是事實的故事（要加以證明或解神話化），變為對上帝在世界的工作，實現祂自己的異象的註釋。這樣我們便找到我們在上帝的異象中的位置。

而且，要站在聖經裏面，並活在它以下，我們必須好像希伯來人那樣，學習熱誠地閱讀聖經——以心來閱讀聖經。理性總是解剖、作判斷、分析和篩選，但心卻聆聽、觀看、感受、愛、懼怕和相信。整本希伯來聖經和早期教會的聖經有很多提到心的地方，多得不可勝數。生命的方向在心的激情中決定。在墮落後，上帝看見「人……終日所思想的盡都是惡」（創六 5）。那些轉向上帝的人以他們的心這樣做。敬拜上帝的心呼喊說：「我要一心稱謝耶和華，我要傳揚你一切奇妙的作為！我要因你歡喜快樂；至高者啊，我要歌頌你的名！」（詩九 1～2）以色列轉離上帝時，祂宣告：「我要賜他們認識我的心，知道我是耶和華。他們要作我的子民，我要作他們的上帝，因為他們要一心歸向我。」（耶二十四 7）教會和我們每個人身為「上帝的子民」，要「盡心、盡性、盡力、盡意愛主你的上帝」（路十 27），因為「你們的財寶在哪裏，你們的心也在那裏」（路十二 34）。

3. 以聖經為比喻來閱讀和傳講

還有另一個希伯來特點，可以幫助我們以新的眼光閱讀聖經。那就是用比喻、詩歌、圖畫、故事和矛盾的語言來閱讀聖經。可惜，西方對語言的取向主要是羅馬人的取向——準確、簡潔和事實。這種語言接受語法分析、圖解分析、拆解和其他分析。但希伯來的語言更有想像力、更含糊和更能夠再現形象。語言不單是構成句子的詞語；它也包括溝通的形式和風格。例如：我們以西方思想傾向閱讀聖經時，傾向將希伯來想像的不同形式重塑成命題性陳述。但希伯來人的溝通方式不能被化約為可以管理和控制的命題。

例如：希伯來人透過運用感官的比喻説話。他們沒有固定在總可以理解為事實的具體語言中，而是使用色彩豐富的比喻，以想像的方式溝通。威爾遜（Marvin Wilson）指出：

> 「看」是「舉目」（創二十二 4）；「憤怒」是「鼻孔發熱」（出四 14）；「向別人揭露一些事情」或「透露」是「除去別人耳中的塞」（得四 4）；沒有「憐憫」是「硬心」（撒上六 6）；「頑固」是「硬著頸項」（代下二十 8；比較徒七 51）；「預備好」或「振作」是「束起腰」（耶一 17）；「決定要去」是「將臉朝向某處去」（耶四十二 15、17；比較路九 61）。[4]

聖經至少有三分一是詩歌。

我們有時忘記了古人沒有聖經。今天我們家裏有那麼多不同譯本和聖經的研讀本，以至聖經變成了幾乎是平常不過的東西。但在古代世界，聖經是要記憶的，而詩歌有助記憶。希伯來詩歌充滿平行、明喻、將大自然擬人化、模仿聲音以及押韻和格律。西方的思想往往想將詩歌按字面意思解釋。例如：創世記的創造記述是禮儀詩歌，不是歷史或科學。這首詩的直接意思是**上帝這樣做**，而由於上帝創造，創造便有意義。如果我們正如有些人那樣，堅持將創造的記述變成關於世界的來源的科學，我們便失去詩歌信息的核心和靈魂，將帶來解放和富想像力的詩變成乾巴巴的理性事實，必須以科學加以肯定。這令真理失去生命。

古代的思想不是沒有生命的分析性或系統性思想，而是圖像思想。希伯來人描述「眼睛所看見，而不是思想猜測」的東西。[5]他們不以我們西方世界的抽象方式談論上帝。希伯來人從不提出上帝存在的論證。他們不辯論上帝存在的本質，也不視上帝為供分析的抽象客體。他們總是視上帝為「行動的上帝」。聖經的上帝不是「坐在諸天上」的本質，而是創造的位格，與人建立關係，有感覺，會回應和交往。上帝進入關係，最終進入我們的苦難，解救我們脫離邪惡帶來的苦難。祂更新我們，令我們回到祂對創造原來的意圖，我們在祂的世界中找到我們的位置。

或許正因為這樣，古代的溝通方法是透過說故事。希伯來故事圍繞為他們說話的角色。以色列的整個歷史是一個故事——關於世界開始的故事，關於墮落的故事，關於叛逆的人怎樣展開文化的故事，關於上帝與亞伯拉罕和族長交往的故事，關於上帝怎樣拯救希伯來人脫離法老的故事，關於上帝怎樣模塑他們成為一羣百姓，給他們律法藉以生活，給他們會幕和它的獻祭系統藉以敬拜，給他們曠野藉以考驗他們，給他們應許地作為居住的地方的故事。希伯來人的整個歷史，是上帝怎樣預備世界接受祂兒子的故事，祂的故事實現希伯來人的所有意象和預言，以致透過他們的歷史，彌賽亞會來完成世界的故事。在我們辨別上帝在歷史中，在我們的時間和地方正在做甚麼時，這同一個故事，繼續在教會的生命和我們今天的生命中延續。在希伯來歷史中，那是期望的故事；自從基督開始，它成了實現的故事，以及上帝對新天新地的整個創造和受造物完成了的目的的新期望。

古代的語言也是矛盾的語言。在矛盾中，我們總看到故事的兩面。上帝是以色列所有故事中的行動者，但以色列和以色列中的個人也是行動者。因此那敍事總有神的一面和人的一面。上帝選擇、呼召和揀選。上帝活在百姓中間，說話、責罰、指示。但百姓活在上帝的同在中，祂在他們中間。他們回應上帝，並與上帝交往。他們有時忽略上帝，或公然不服從上帝，追逐自己製造的其他神。但上帝總是存在。

西方思想——特別是啟蒙思想——並不喜歡矛盾。理性語言不能看到相反的事情是同一個現實的兩面。因此，有些人想從神聖一面閱讀聖經，強調神聖的預定和神聖的預知；但另一些人對聖經的取向則強調自由和選擇這人的一面。在希伯來思想中，兩者都是真實和有效的。希伯來人十分樂意肯定似乎是矛盾的東西，但現代的思想傾向卻拒絕接受含糊，以及由各處一切的兩面來呈現的神聖和人類面容，及兩者的弔詭所產生的不確定。

4. 閱讀和傳講聖經，讓它閱讀我們和我們的世界

我在上面描述的是聖經閱讀我。如果耶穌基督真的是聖經的主要人物，以及界定真正屬靈生命的那一位，耶穌便閱讀我和整個世界。

以基督為中心來閱讀聖經，就是讓聖經閱讀我們和世界。聖經有能力閱讀我們和世界，因為經文揭示人心的任性。我們不應該將對人類反叛上帝的記述閱讀為對「別人」

或「那特定文化」的研究。相反，那些記述雖然植根於特定的歷史，但卻跨越時間說：「你在那裏；那是對你的生命，你的罪和叛逆，你離開上帝的旅程，你世界的叛逆的描述。」例如：亞當和夏娃、該隱和亞伯、挪亞、巴別塔、亞伯拉罕和撒拉、夏甲和以實瑪利、羅得和他女兒、以撒和利百加、雅各和以掃、拉結和利亞的故事怎樣閱讀我們？創世記關於邪惡的普遍，或者列王、士師和先知的記述又怎樣？我們可能拿起聖經說：「我會閱讀關於我自己和我的世界」嗎？我們可能說：「我認同這個人；我的世界就是這樣；我聽到上帝在這個環境中向這個羣體和這個人說甚麼話」嗎？我們可以聽到上帝從聖經的環境向我們說話嗎？我們可以將聖經從創世記到啟示錄都作為我們自己的故事來閱讀嗎？聖經講述兩個交織成一個宏大敍事的故事。它是上帝和人類交往的故事。它揭示關於上帝的真理，也揭示關於人、社會、文化和文明的真理。我們閱讀和傳講聖經作為現在的歷史時，進入它裏面，它閱讀我們和我們的世界。

聖經也閱讀我們，因為我們的救贖主耶穌也是我們真正生活的模範。由於是基督活在我們裏面，我們要活在「基督裏」，在祂的道成肉身，在祂被釘十字架，在祂的復活，在祂的升天，和在祂的再來中。從裏面閱讀聖經是向是聖經的主角的那一位開放我們自己，讓那一位和祂的拯救工作活在我們裏面。我們一直都活在基督的再創造工作中。我們也花時間記念祂的拯救工作，並預期祂最終在我們每日、每星期和基督教每年的崇拜中統治一切。

結論

在這一章，我指出崇拜中閱讀和傳講聖經的一個錯誤取向。我們閱讀和傳講聖經時，太容易從敍事的外面而不是裏面詮釋它。神學院的教育並不特別有幫助。受現代性影響的神學院，花太多時間在歷史鑑別學上，維護聖經的真理，卻沒有充分深入教導真理。受主觀經驗主義影響的牧者和教會領袖，太急於以脫離上帝的偉大戲劇這個處境的方式選擇經文，將經文變成有啟發性、推動性或治療性的言談。

使徒和古代教父閱讀和傳講聖經的方式是對上述問題的糾正。古代的教父站在故事裏面，從三一上帝的動態活動來詮釋聖經。他們視耶穌基督為創造、道成肉身和再創造的主要人物。

我給今天牧者、領袖和聖經詮釋者的挑戰，是重新發現閱讀和傳講聖經的古老方法。將自己放在古老的思想傾向中，容許敍事、奧祕和象徵。這種古老的思想方法，令我們不再倚靠現代的思想模式，更對應後現代的思想傾向。學習帶著關係去閱讀和傳講聖經，好像在三一上帝的羣體和祂的反思性羣體——以色列和教會——中一樣。熱誠地閱讀和傳講——知道聖言不單是事實，而且是神聖生命的泉源，詮釋我們的日常生命和整個歷史。閱讀和傳講聖經作為比喻。容許聖經的圖畫以一種方式浮現，讓聖經和生命被視為整體。閱讀和傳講，讓我們所有人都站在聖經之下，容許它閱讀我們的日常生活，我們的習慣，我們的思想，我們的行動。如果這樣閱讀和傳講聖經認真和有效地進行，生活在忽略聖經的荒原上，渴求聖言在破碎的世界中解釋和引導他們生活的人，便會找到方法到聖經那裏，從上帝敍事的水井中暢飲。

註釋

1. Pastor Jason Snook 給作者的個人電郵，2006 年秋天。
2. Pastor Dave Wiebe 給作者的個人電郵，2006 年秋天。

3. St. Irenaeus of Lyons, *On the Apostolic Preaching*, trans. John Behr (Crestwood, NY: St. Vladimir's Seminary Press, 1997), 7.
4. Marvin R. Wilson, *Our Father Abraham: Jewish Roots of the Christian Faith* (Grand Rapids, MI: Eerdmans, 1989), 137.
5. Wilson, *Our Father Abraham: Jewish Roots of the Christian Faith* , 145.

第七章 | *Eucharist* |

| 聖餐禮：由上帝在聖餐桌的同在轉化 |

幾年前我的朋友《帶領崇拜者》（*Worship Leader*）的編輯弗羅姆（Chuck Fromm）說：「羅伯特，面對現實吧。在古代教會，聖餐是上帝同在的焦點；宗教改革則以聖言作為上帝同在的中心；時至今天，上帝的同在則在音樂中。」

我相信以音樂為中心的崇拜，確實成了思想上帝的同在的一種常見方式。不過，那是對上帝的同在極端有限的理解。上帝藉著創造和祂支持的能力而無處不在。我們可以在風景之美，日落或嬰孩的面上目睹上帝。但上帝告訴我們：「無論在哪裏，有兩三個人奉我的名聚會，那裏就有我在他們中間。」（太十八 20）教會總不單相信上帝無處不在，也相信祂在崇拜中強烈地與教會同在。上帝存在於會眾的聚集、在詩歌、在讀經、在禱告以及特別在餅和酒之中。耶穌告訴門徒，一個記念祂的方法（*anamnēsis* 的力量是「令我〔基督〕同在」）。祂在擘開的餅和傾出的酒之中。

但由啟蒙的理性模塑的基督徒，在聖餐桌的崇拜中，卻看不見任何超自然的神聖同在。相反，聖餐桌的崇拜幾乎總被視為是**我**所做的事情。

聖餐桌崇拜的危機

主要的危機是將聖餐桌的崇拜非超自然化（desupernaturalization）。一個學生在我的課程的一份習作中，表達了這種對聖餐的態度：

> 我覺得聖餐的聖禮（聖禮是「由上帝設立的禮儀實踐」）更多地是一個**提醒**的記號，提醒我們記起基督的拯救工作，目的是**記念**，正如耶穌說：「你們應當如此行，為的是**記念我**」（路二十七 19，粗體為引者所加）……你會考慮解釋和維護你對「真實同在的教義」的觀點嗎？……如果它要作為你推論聖餐禮的意義和價值的基本主張，在要求我以它為基礎前，先閱讀一些有關討論和支持，對我會有幫助。[1]

這個學生找尋的是在領受餅和酒時，「基督進入我們，我們進入基督」的理性解釋。

理性的問題

我們應該怎樣對待福音派的疑惑，即是不能肯定在聖餐桌傳達基督的危機呢？看聖餐桌崇拜的危機，其主要方法是將它放進在啟蒙理性手中，將整個基督教故事非超自然化這個更大的過程中。

首先，改教者慈運理（Zwingli）藉著給聖餐禮記念的地位，令它成為**我們**所做的事，將聖餐禮從它的超自然本質中拉走。然後，在十八和十九世紀，聖經被歷史和文學鑑別學人文化，變成人類追尋上帝的產物。聖經不再被視為來自上帝的啟示。到了更近期，上帝在基督裏的道成肉身被人類的耶穌取代，耶穌的死亡和復活的超自然含義被重新詮釋為神話，沒有歷史、代贖或復和的意義。

我們顯然不應該將福音派基督徒，跟與對基督教的自由派或神話詮釋相提並論。福音派肯定上帝創造、啟示、成肉身、死亡、復活、升天，並會再來。不過，福音派的超自然性，往往只限於上帝的故事**介入**創造的那些部分，是需要由有證據的護教學來證明的。藉著不肯定完全的超自然性，在其中上帝總是無處不在地存在於創造中，福音派陷入了一個危險，最終會破壞所有超自然性，也可能將信仰改成不單好像文化那樣，更是接受新形式的世俗化基督教。

這朝新的反超自然信仰穩步前進的趨勢，已經在崇拜和靈性中明顯可見。研究當代崇拜的詩歌顯示，目前對崇拜的觀點，並非置於上帝超自然的故事裏。相反，崇拜被置於崇拜者裏面，由崇拜者獻給上帝；而詩歌的歌詞，往往沒有提及上帝的名字。而且，很多關於靈性的流行書籍和退修，都以自我的旅程為焦點。它們假設靈性在自我裏面，個人可以藉著深入自我，釋放或喚醒潛在的屬靈狀況，從而找到屬靈自我。這樣使崇拜和靈性脫離上帝創造、道成肉身和再創造的故事，帶來一種新的諾斯底崇拜和靈性。否認一貫的超自然性——在其中上帝不單在耶穌和聖經中揭示，但也在餅和酒中揭示——是視界的衝突。説上帝不是透過可見和有形的象徵——例如百姓的聚集、聖經的言語以及水、餅和酒的物質現實——向我們傳達，是拒絕以創造作為上帝的傑作。最終，如果去到總結，這個觀點會拒絕上帝在道成肉身中與人類的肉身聯合。信仰的奧祕接受道成肉身的現實，以及餅在和酒中那道成肉身的同在。

世界觀的衝突

究竟我們是活在超自然的世界，萬物的創造主和救贖主在其中積極揭示祂開始和與我們建立的關係；還是活在自然的世界，上帝在其中選擇不啟示祂自己？福音派，好像我較早時引述的學生那樣，**確實**相信我們生活在超自然的世界，但他們將上帝的顯露限制於一本有上帝啟示的聖經、道成肉身、死亡和復活以及歸信的經驗之內。古代教會和改教者對超自然性的接受度，比福音派大得多，他們肯定上帝以一般的方式在整個創造中啟示，並強烈地在救恩歷史（以色列和耶穌）中啟示，而上帝這自我顯露繼續透過祂在崇拜中同在，特別是在餅和酒中同在，而在教會延續。

為了處理我學生提出的問題，我們需要將餅和酒的聖餐桌崇拜，放回上帝的故事中。整個故事是超自然的。它預設在創造之上和之外的超越上帝，也內蘊（在裏面）於創造中這個矛盾。正如我們已經看到，上帝的他性（otherness）——祂不能看見的質素——在道成肉身中變得可見。

但聖經的故事從沒有尋求證明自己。給定的是「起初上帝創造天地」（創一 1），從那裏到啟示錄，一切都是從超自然的角度看。無論我們讀到上帝創造或呼召亞伯拉罕，出埃及事件，以敬拜和律法建立以色列，先知，上帝在耶穌裏道成肉身，耶穌的事奉，祂的死亡、復活、升天，以及現在的祭司職事，祂再來建立新天新地——全都是超自然的。我們不是不時看到超自然介入歷史，而是由始至終都藏在一個許諾中：在整個創造，以及在一切中，上帝都被認識和存在。我們是透過耶穌基督看世界和它的歷史，以及它一切最終的榮耀，在祂裏面天和地相遇，因為在祂裏面神和人聯合，透過祂的死和復活，整個創造——包括我們自己的生命——都得到改變。

古代教父遠遠沒有視餅和酒為單是記念和空洞的象徵，而是將它們看為顯露耶穌基督，透過祂我們看到上帝與人和好，天與地和好，以及萬物和好。但啟蒙的理性主義成功將焦點從上帝在餅和酒中做甚麼，轉移到我在餅和酒中做甚麼。根據理性主義，我必須藉著我所做的事，令聖餐桌的崇拜變成屬靈培育的來源。我必須記念。我的記念愈強烈，我的屬靈生命便愈得到培育。我真的在聖餐桌培育自己嗎？還是我們現代人在聖餐桌這裏錯過了一些東西——一些上帝所做，藉以培育我們的屬靈生命的事情？古代的教父對這個危機有話說。

古代教會中的餅和酒

初期教父沒有視餅和酒為只是提醒人記起耶穌。相反，他們以十分清楚的超自然性對待餅和酒。

伊格那丟

公元一一〇年的安提阿主教伊格那丟是我們第一個榜樣。伊格那丟可能認識一些使徒，特別是約翰。他被羅馬當局帶到羅馬鬥獸場處死。途中他寫了七封信給小亞細亞的教會領袖，包括以弗所、馬內夏（Magnesia）、他拉勒（Tralles）、羅馬、非拉鐵非、士每拿的教會領袖，以及後來殉道的坡旅甲（Polycarp）。

伊格那丟十分關注的，是小亞細亞存在諾斯底主義者。他們教導說道成肉身不是上帝以人的血肉之軀物質、有形、有身體地成肉身，而只是**幻影**。那只是似乎是道成肉身。伊格那丟堅持上帝真實、有血有肉地成肉身。他寫信給他拉勒人說：

> 任何言論，若不理會耶穌基督是大衛的後裔，是馬

> 利亞所生，是真的出生了，是能吃能喝的；是真的在本丟彼拉多手下受害；是真的在天地和地下的視線下被釘十字架和死亡；你們都不要聽從。祂真的從死裏復活，因為祂的父令祂復活，正如祂的父會令相信祂的我們透過基督耶穌復活，與那些沒有真正生命的人不同一樣。[2]

在伊格那丟的著作中，聖餐禮思想的關鍵，是道成肉身那有實體的現實。他從道成肉身的角度應付諾斯底主義者，並將道成肉身應用到聖餐禮的思想。他警告士每拿人遠離諾斯底主義者，他們教導「關於耶穌基督的恩典一些錯誤的觀念」。在他們對福音那身體和物質方面有偏見，可以明顯看到這錯誤。這偏見不單針對上帝有血有肉地道成肉身，也包括忽略窮人和聖餐禮。

> 他們對愛毫不理會：他們不關心孤兒寡婦、被壓迫的人、被囚或獲釋的人、飢餓或口渴的人。他們對聖餐禮和禱告的崇拜漠不關心，因為他們拒絕承認聖餐是我們救主耶穌基督的血肉，祂為我們的罪受苦，而父在祂的良善中使祂〔從死裏復活〕。[3]

伊格那丟從超自然的角度看餅和酒。這在其他關於聖餐的評論中也明顯可見。在給他拉勒人的信中，他提到「耶穌基督『奧祕』〔餅和酒〕的執事」，是那些「不單奉上食物和飲品，也服事教會」的人。[4] 他鼓勵以弗所的教會「更多地聚集在一起守主的聖餐禮和讚美祂。因為你們頻密地聚集時，撒但的力量便被推翻，他的破壞力便被你們信仰的一致性解除。沒有甚麼比將天地所有衝突都除去的和平更好」。[5]

他給以弗所信徒的勸告是「擘一塊餅，那是在與耶穌基督聯合，除去死亡時，帶來持續生命的解毒劑」。[6]伊格那丟也寫給非拉鐵非人說：「那麼，要小心守單一的聖餐禮。因為我們的主耶穌基督只有一個身體，而祂的一杯血令我們成為一和一個祭壇。」[7]

最後，在快到羅馬，肯定會在獅子的利齒下死去時，伊格那丟促請羅馬信徒不要阻止他殉道。他說：「雖然生存，但我以對死亡的熱情寫信給你們……我想要的是上帝的餅，那是基督的肉，祂來自大衛的世系；至於飲品，我想要祂的血：那實際上是不死的筵席。」[8]

在伊格那丟的著作中清楚看到的是，他好像使徒一樣，相信耶穌基督是上帝以我們的血肉之軀成了肉身，而且祂的死亡和復活是真實、實在、在地和有實體的。釘十字和復活在時空和歷史中發生。接著他將有實體的道成肉身，應用到基督的拯救臨在那聚集的羣體的可見象徵，並論證說如果上帝以人類的血肉之軀成了肉身，基督的真正同在便在餅和酒中顯明。他沒有說上帝怎樣在餅和酒中存在。那是奧祕，好像道成肉身一樣。

殉道者猶斯丁

好像伊格那丟一樣，二世紀的護教者殉道者猶斯丁為了信仰而殉道。也好像伊格那丟一樣，他以應用道成肉身來對待發生在餅和酒中的超自然性質。

猶斯丁的信稱為「殉道者猶斯丁的第一護教書」（“First Apology of Justin, the Martyr”），這封信針對批評基督教的人為基督教辯護。這封信是獻給提多皇帝（Emperor Titus）的，希望藉著理解基督教的實踐，皇帝會不再迫害教會。有謠言說基督徒在崇拜時獻和吃嬰兒，作為給上帝的祭。這謠言促使猶斯丁描述基督徒的崇拜，特別是以餅和酒崇拜上帝。在這裏他描述餅和酒的意義：

> 我們不以這些東西為普通的餅和飲品來領受；而是以它們為耶穌基督我們的救主，祂藉上帝的話成了肉身，為拯救我們取了血肉之軀，我們也受到教導，那食物因為來自祂的聖言的禱告而得潔淨，我們的血肉之軀因而藉著轉化而得培育，而那食物是成肉身的耶穌的血和肉。[9]

猶斯丁對聖餐桌崇拜的描述所呈現出的道成肉身本質，藉著將它的內容用圖表列出來，可以變得更清晰。想一想猶斯丁對道成肉身，以及為餅和酒進行的聖化禱告之間所作的比較。

並非普通的餅和飲品

道成肉身	聖化
我們的救主耶穌基督	食物
藉上帝的聖言成肉身	藉著言語和禱告聖化
取了血肉之軀	我們的血肉之軀從中
因為我們的拯救	藉改變得到培育

是
成肉身的耶穌
的血和肉

猶斯丁在公元一五〇年提出對餅和酒的道成肉身觀點，與四十年前的伊格那丢相同。

猶斯丁將道成肉身和聖化作比較。正如道成肉身向我們保證，我們的救主耶穌基督藉著上帝的話成肉身，為拯救我們而取了血肉之軀，讓我們可以肯定「藉著禱告聖化的食物」，是令我們的血肉藉著改變得到培育的食物。因為這個原因，餅和酒不是普通的餅或飲品，而是「成肉身的耶穌的血和肉」。

「是耶穌的血和肉」這句話不應該解釋為變質說（transubstantiation），這個觀點直到十三世紀才由羅馬天主教會確定。要更恰當地描述古代認為上帝存在於餅和酒的觀點，我們可以這樣說：將道成肉身和超自然的面向歸與餅和酒。我們以信心領受餅和酒時，便受到改變。餅和酒培育我們與耶穌的聯合。它將我們改變為耶穌的形象和樣式。

初期教父的見證是明確的：基督教的信仰是對現實的超自然視角。透過餅和酒，我們得以認識上帝，因為餅和酒加上圍繞守聖餐的禱告，在基督所有拯救的同在中揭示祂，包括在舊約中預示祂，以及預期祂最終勝過世上所有罪和死亡。

餅和酒揭示基督，並將我們改變成祂的形象

我們必須辨別出在聖餐桌崇拜中發生的神聖揭示，並問它怎樣培育我們。在上帝的桌前揭示的東西，在很多層面觸及我們，並以多種方式培育我們。

上帝的整個故事

在餅和酒中，上帝為那些知道怎樣看的人，揭示祂的

整個故事。是的，餅和酒是象徵，但它們不是空洞的。古代教父教導說，象徵參與它們再現的真實。我們不是藉著給象徵意義而令象徵有意義，正如啟蒙教導那樣。相反，象徵本身包含意義，因為象徵代表一個真實，並實行那真實。餅和酒象徵和實行上帝的故事，傳達上帝的故事給我們的好處。我們打開我們的心、我們的思想、我們的意志，在上帝的故事裏面看我們自己，追隨上帝思想上帝的思想，在愛中體現上帝的故事時；便以成肉身、十字形、復活和終末生命的方式，對別人成了擘開的餅和傾出的酒。

因此，聖經以文字揭示世界的故事；這同一個故事，也在餅和酒中上演。理性主義不能接受這點，因為它只視餅為用來吃的食物，視酒為用來喝的飲品。但如果我們以信心的眼睛來到聖餐桌，便會經歷一份火熱的確信，知道我們活在超自然的世界。我們不再視餅和酒為只是地上的東西，而是視它們為揭示宇宙的故事的象徵。在餅和酒中，我們看到創造、墮落、道成肉身、死亡、復活、升天、教會、國度和新天新地的應許，以及我們自己的改變，這是上帝藉著聖靈，透過基督與我們建立聯繫而實現的。

創造的美好

餅和酒是上帝創造的東西，也對我們象徵上帝創造行動的美好。上帝的創造本質不是邪惡的，而是能夠與上帝聯合的。因此，在餅和酒中，上帝揭示天地的聯合，神人的聯合，可見和不可見的聯合，非受造和受造的聯合。上帝的本質是不能理解的這個真理，完全沒有因為確信上帝的同在透過創造可見、具體的現實傳達而受損。（羅一 20）猶太人的靈性，深深植根於在創造的經驗中意識到上帝的存在，而又不致變成泛神論。基督教的靈性站在猶太人的傳統中，肯定上帝存在於創造中，更多走一步，宣告上帝的超越在道成肉身中與受造物和創造聯合。正如德日進（Teilhard de Chardin）說：「藉著創造，更甚的是藉著道成肉身，對那些知道怎樣觀看的人，下面這裏**沒有甚麼是凡俗**的。」[10] 不過，上帝的存在，雖然透過餅和酒傳達出來，卻沒有理性的證明。好像羅馬天主教的變質說，信義宗的同質說（consubstantiation），或加爾文派視聖餐為象徵、見證或證明上帝的同在，古代教會均不接受凡此種種的教義，作為上帝存在於餅和酒的解釋。對肯定歷久常新的崇拜的人來說，基督存在於餅和酒中是一個奧祕，處於上帝與世界的關係整個故事這個更大的奧祕之中。正如上帝在整個創造、在聖經、在耶穌和教會中啟示出來一樣，上帝也在餅和酒中啟示出來。但我們看見甚麼？

上帝與人的聯合

餅和酒反映：當受造物和創造與神性聯合時，便得以完成和完滿。除非我們與神性聯合，否則我們只是孤獨地以自我為焦點。我們在自我中尋找意義，但發覺我們內裏的人，以及社會的一切複雜性，都充滿障礙。餅和酒反映：有一個人，在祂裏面神性和人相遇，透過祂，我們自己與神性的聯合得以實現——只有祂一個能夠做到這樣，而祂就是耶穌。在餅和酒裏，上帝顯明我們與祂的聯合怎樣實現。耶穌分有我們的人性，但又與上帝聯合，祂拿起餅和酒說：「這是我的身體……這是我的血……為多人流出，使罪得赦。」（太二十六 26、28）將餅和酒看為不是普通的餅和飲品，而是人與神性聯合的形象，「為了我們的拯救」（尼西亞信經）；如今，在餅和酒這些普通的東西中，揭示了支持我們在今生和來世的生命的東西。

基督的犧牲

根據我的經驗，大部分基督徒似乎都十分清楚餅和酒怎樣指向耶穌犧牲的死。引用希伯來的獻祭系統，這些基督徒指出基督在十字架上那一勞永逸的犧牲，是實現所有舊約的獻祭類別。我與初期教會的禮儀一致，肯定祂的犧牲是自願的。但與一些女性主義者不同，我不認為基督在十字架上受苦是受到祂的父「虐待」，我也不認為祂的受苦是被迫或命定的。祂的自我犧牲，來自祂在客西馬尼園與死亡的真實搏鬥。但這與亞當在伊甸園選擇走自己的路不同，耶穌選擇的是「不要成就我的意思，只要成就你的意思」（路二十二42）。祂樂意選擇十字架的路作為愛的行動。因為上帝是那麼愛世界，所以祂樂意獻上自己作為祭物。祂犧牲自己令世界可以與上帝和好，這已經在童女馬利亞的子宮裏發生。當神性與人性在子宮裏聯合時，所有受造物和創造都存在於耶穌的人性中。那犧牲已經開始。祂的犧牲在地上繼續，雖然祂的教導，祂的奇迹，祂與窮人、被壓迫的人和被社會遺棄的人認同，繼續顯明祂的愛，但祂仍然忍受被自己的創造拒絕。然後，在祂最後的犧牲行動中，祂獻出自己的生命，流出祂自己的血，祂為了世界而讓自己的身體死去。古代的禱告稱十字架為「賜生命的十字架」，因為祂傾出的生命流進我們裏面，賜給我們生命。祂的血是肉體的生命，這血給我們新生命、新開始，令我們成為新造物、按祂的形象重塑。

我們被耶穌的犧牲的形象培育，因為它向我們顯明，我們在祂的受苦中與祂聯合。祂犧牲的生命要成為我們捨己的生命，因為我們在祂裏面，祂也在我們裏面。（約十五 4）惟一真正滿足和有意義的生命，不是有所得、權力、名譽、性自由、消費主義或物質主義的生命，而是十字架的生命。屬靈生命從十字架活出來。那是樂意、自願選擇將自己獻給別人，為了別人的需要忍受苦難，如果需要的話，甚至願意死。聖餐桌的崇拜培育這份委身，因為它揭示生命的意義，那就是放棄自我，藉以實現上帝對別人的旨意。

戰勝邪惡的力量

在餅和酒中，顯明了基督是戰勝罪和死亡的得勝者，是戰勝魔鬼和所有叛逆上帝者的征服者。在餅和酒中，我們看見耶穌是天地的主，在愛中統治祂的創造。這種揭示培育我們預嘗在基督統治下仍未可見的世界。因為透過餅和酒，我們看見一個改變、更新和得到恢復的世界的盼望。

最早的基督徒聖餐禮禱告勝利地宣告：「祂被出賣，自願受苦，讓祂可以消滅死亡，打碎魔鬼的捆綁，踐踏地獄，光照公義，定下條件〔也就是邪惡的力量受到束縛和限制，只能夠在上帝定下的界限內運作〕，並顯明復活。」[11] 餅和酒顯明復活，上帝為受造物和創造建立的新開始。它要在教會，基督的身體，稱為新人類的羣體中讓人看見。這個上帝百姓在地上的新羣體，在他們的崇拜和他們的生命中（彼前二 9～12）見證邪惡被推翻（弗三 10）。他們進入新天新地生活（彼後三 8～18），完全確信預示基督再來（太二十六 29；林前十一 26）的餅和酒引發「願你的國降臨，願你的旨意行在地上，如同行在天上」（太六 10）這個禱告。

整個世界的救贖

餅和酒的歡慶，不單顯明上帝救贖受造物和創造的工作，也透過耶穌基督將整個世界呈獻給上帝。當牧者將餅和酒舉向上，並宣告說：「基督的身體，為你們捨的，……基督的血，為你們流出」時，整個大地和所有受造物都被呈獻給上帝。牧者請求上帝記念世界和祂自己作出的犧牲，記念祂「愛世人，甚至將他的獨生子賜給他們，叫一切信他的，不至滅亡，反得永生」（約三16）。

餅和酒反映上帝對整個世界的意圖。基督的獻祭和犧牲，是要顯明教會是上帝的新創造。餅和酒向世界顯明它最終的命運。餅和酒滿有榮耀地展示，天和地的聯合，可見和不可見的聯合，掌權的被克服，以及新天新地那轉化了的榮耀。

上帝記念

在聖餐桌發生的記念，不單是我們的記念令基督同在，也因為上帝自己得到提醒，要祂記起祂做了甚麼救贖和恢復祂自己與受造物和創造的聯合。我們倚賴上帝留意自己的記憶，作為餅和酒的主要記念；然後倚賴上帝留意我們自己參與祂的記憶，作為培育和支持的特點，「你們應當如此行，為的是記念我」（林前十一 24～25）。施梅曼（Alexander Schmemann）清楚表達這個思想：

> 在這裏我們應該記得，在聖經裏關於上帝的舊約教導，記憶這個詞指上帝留意祂的創造，神護佑的愛的能力，透過這能力，上帝「托住」世界，**給它生命**，以致生命本身可以稱為謹守上帝的記憶，而死亡是失落這記憶。換句話說，記憶像上帝裏面的一切一樣，是**真實**的，它**是**上帝賜下的生命，上帝「**記念**」；那**是**對「無有」的永恆克服，上帝從中呼召我們進入祂奇妙的光中。[12]

記憶不單是回想，好像我們會記得一個朋友或生命中一件重大事件，也是揭示生命和宇宙的整個意義的記念。這記憶在餅和酒表述和揭示，形成我們，並那麼徹底地模塑我們對生命和世界的觀念，以致給我們生活的力量，令我們的生活必然且深刻地與耶穌基督聯合。

應用

在餅和酒中培育和轉化我們的，是上帝整個故事的揭示，包括創造、道成肉身、再創造；在我們拿來吃和拿來喝時，居住在我們裏面。因為在這個象徵中，存在一個現實——上帝透過耶穌基督救贖世界的神聖行動；呼召我們看見我們與上帝的聯合，實際上是整個天地的聯合，在耶穌基督裏惟獨由上帝實現。在吃餅和喝酒中，我們預嘗在基督統治天地的國度中羔羊的筵席。（啟十九章）我們變成我們所吃的——活在我們裏面的基督的活見證。

基督怎樣進入我們裏面？我們又怎樣進入祂裏面？我提議我們思想默想和參與的屬靈操練與接受餅和酒的關係。

為了在餅和酒中默想基督，很多人都需要經歷範式轉移，因為我們深刻地被啟蒙理性模塑，以致只看見普通的餅和酒。我們以這種縮減和非超自然化的信仰生活，以致希望有**理由**相信耶穌在餅和酒中揭示。在這要求中，我們做我從這本書開始便反對的事情。我們將我們的啟蒙世界觀帶到上帝的故事，並要求上帝的故事是能夠以理性和科學解釋的。我們必須先棄掉自己賦予虛假世界觀的優先地位，再走進上帝的故事，從故事**裏面**看餅和酒。那故事說：「你並非生活在由理性和科學解釋的自然世界。」那故事說：「你活在驚歎和奧祕的超自然世界中。站在這個世界，接受餅和酒的奧祕吧。它揭示創造的美好，以及人和神性的聯合。餅和酒體現天和地聯合的形象，以及將來預期整個世界在耶穌之下得挽回。要脫離理性和科學的限制，在餅和酒的奧祕中與生命的真意義相遇。」

餅和酒怎樣吸引我們參與上帝在世界中的生命？餅和酒揭示我們與耶穌的聯合，那不單是一個地位，而是無論我們各自的個人層面還是合而為上帝的百姓，均成為這世界裏的上帝故事，在今生活出真正和真實的參與。首先，我們吃下餅和酒。然後在默想中，我們以堅定的喜悅觀看餅和酒所揭示的。接著在參與中，我們向外伸展，看整個世界在上帝的手中。我們將阿拉法和俄梅戛舉到我們口中。我們將上帝的整個故事吃進肚中，讓它流遍我們的血管，讓它給我們整個生活活力，包括我們的關係，我們的工作，我們的樂趣；生命的一切現在都要好像耶穌活出祂的生命那樣活出來。正如祂接受所有人類的苦難；我們也接受世界的苦難，對它做一點事情。正如祂透過復活高升，超過世上所有邪惡；我們也藉著上帝的聖靈升上新的生命。我們一切對罪的死和復活得生命，都在祂裏面找到真實和終極的生命。祂活在我們裏面，活在我們的苦難中，活在我們與邪惡的搏鬥，活在我們復活得新生命中。

因此，歡慶餅和酒不是外面的抽象客體，沒有**甚麼**可以作為有意義的東西來觀察，沒有單純的禮儀以隨便或機械的方式實行。不！我們從喜悅地默想餅和酒揭示的一切，進而藉著持續肯定在餅和酒中耶穌得到重新賜下，透過我們個人的生命和透過上帝百姓的羣體——教會——再次傾出，從而參與上帝的故事。教會在我們嘴唇和生命的崇拜中顯明上帝的目的。

總結

在這一章，我提出聖餐桌的崇拜目前和長久的危機，是由啟蒙的影響引致。上帝同在的奧祕失落了，且被空洞的象徵所取代。很多基督徒，甚至牧者和教會領袖，對上帝在聖餐桌的同在毫不在意，將它轉為音樂環節或將它完全刪掉。例如：還記得那位來聽我主講上帝臨在聖餐禮崇拜之中，在演講過後走來我面前的那個牧師嗎？他說：「我喜歡你說的話。我們在大除夕守聖餐。但我不認為我的會眾會容忍更頻密地這樣做。你可以提議另一種有同樣效果的做法嗎？」這個回應等如說：「我每年根據聖經講一次道，但我不認為我的會眾會容忍我更頻密地這樣做。你可以提議另外一種做法嗎？」耶穌說有方法記念祂——那就是餅和酒。為甚麼我們不跟從耶穌清楚的教導？

我提議我們回到古代教父最早期的共同傳統。最接近古代教父對上帝在餅和酒中同在的描述是**真實的同在**。真實的同在與其他人在歷史中建立的其他觀點十分不同，那些觀點都嘗試解釋我們不能解釋的東西。例如：羅馬天主教的變質教義解釋神聖怎樣遮蓋人性，以致餅和酒實際成了耶穌真正的身體和血。信義宗的同質教義「在、與和圍繞」（“in, with and around”）餅及酒解釋基督的同在（就好像火中的撥火棒，撥火棒因為火而變紅，但卻並非真的是火）。加爾文提出我們視餅和酒為「象徵、見證和證明」上帝在耶穌裏拯救世界的活動。另一位改教者慈運理令歡慶餅和酒是「記念」這個觀念變得流行，藉著將所有行動置於領受者的信心，而不是任何源自上面的神聖行動，從而將餅和酒非超自然化。餅和酒變成**人類**在耶穌基督裏看上帝的工作的**嘗試**。排他地強調人類的責任，與道成肉身並不一致，在那裏我們承認百分百人性和百分百神性的**聯合**。從上帝的角度看，餅和酒是預嘗將來的國度，那時上帝的樂園得以恢復，整個天地都會在上帝的平安（Shalom）之下。

真實的同在不試圖解釋餅和酒有甚麼事情發生。它肯定上帝在餅和酒中存在的奧祕，正如它肯定在道成肉身中人性和神性聯合的奧祕。我們蒙召，不是要明白，而是要定睛地默想，積極參與基督的生命。在這裏就是餅和酒的奧祕的經驗。

註釋

1. 為了保護那個學生的私隱，這裏不透露他的名字。
2. Ignatius, *To the Trallians*, 9, in Cyril C. Richardson, ed., *Early Christian Fathers* (Philadelphia, PA: Westminster, 1953), 100.
3. Ignatius, *To the Smyrneans*, 7, in *Early Christian Fathers*, 114.
4. Ignatius, *To the Trallians*, 2, in *Early Christian Fathers*, 99.
5. Ignatius, *To the Ephesians*, 13, in *Early Christian Fathers*, 91.
6. *Early Christian Fathers*, 20, 93.
7. Ignatius, *To the Philadelphians*, 4, in *Early Christian Fathers*, 108.
8. Ignatius, *To the Romans*, 7, in *Early Christian Fathers*, 105.
9. Justin Martyr, *The First Apology of Justin, the Martyr*, in *Early Christian Fathers*, 286.
10. Pierre Teilhard de Chardin, *The Divine Millieu* (New York: Harper and Row, 1968), 66.
11. R. C. D. Jasper and G. J. Cuming, eds., *Prayers of the Eucharist: Early and Reformed*, 3rd ed. (Collegeville, MN: Liturgical Press, 1990), 35.
12. Alexander Schmemann, *The Eucharist: Sacrament of the Kingdom* (Crestwood, NY: St. Vladimir's Press, 1988), 125.

第八章 | *Prayer* |

| 禱告：藉著恢復古老的崇拜風格而得到轉化 |

你相信教會的公共崇拜有力量模塑我們的身分和行事方式嗎？我所指的**公共崇拜**不是在崇拜中不時偶然進行的禱告。公共崇拜指整體崇拜經驗，從開始到結束。我指的崇拜，是一種在世界中為了世界的禱告。

那聚集以它的行列、讚美詩和認罪，一切均是禱告的行動。聖言的閱讀、詩篇、講道、代求、傳遞和平及奉獻，全都是禱告。聖餐桌的崇拜以它的環境、「聖哉，聖哉，聖哉」、哈利路亞、擘餅、獻杯、醫治的禮儀、死亡的歌、復活、聖餐和感恩，全都是禱告的行動。差遣眾人去愛慕和事奉主的解散環節是禱告的行動。

不過，這些禱告的行動不單是禱告的集合，而是關乎上帝對世界的故事的禱告，以及將上帝對世界的故事獻給上帝，作為感恩的行動。整個崇拜的行動說：「上帝，我們在這裏記念祢的故事，並祈求整個世界，整個宇宙，都會在祢兒子裏面聚集，在祂裏面實現祢的目的！」這種禱告是記念上帝過去的拯救作為，以及預期上帝將來統治整個創造的一種公共方式。

公共禱告的危機

公共禱告的第一個危機是它被忽略。我所說的**忽略**不是指會眾的崇拜裏面沒有禱告。事實，大部分教會，甚至所有教會都禱告。他們可能以禱告開始和結束。在講道開始前或結束後也可能禱告；也可能為病人、不能外出的人，教會的需要，本地城市、國家，甚至世界代禱。（不過，很多當代教會都沒有給代禱任何位置。）我在這裏所指的對禱告的忽略，是整個崇拜不能以「教會為了世界的生命而禱告」這定位來進行。

這種不能將崇拜的一切行動視為全面的禱告，背後有幾個原因。崇拜沒有被視為禱告的第一個原因，我相信也是最基本的一個原因，那就是沒有掌握到集體禱告是源自上帝的故事的。我們以為集體禱告源自我們自己。但正如我在這本書一直都有提出的，上帝的故事是世界和人類存在的故事。崇拜以這個故事為禱告。這個想法和將這個想法應用到崇拜的內容和結構，一直以來都備受忽略。究其原因，只是因為很多人都沒有聽過而已。

崇拜沒有被視為上帝的百姓為了世界禱告的第二個原因，是崇拜變成了節目。崇拜受到媒體革命的廣播傳播理論影響，變成了娛樂表演。致力安排崇拜「節目」，又被當代基督教音樂工業所強化。由於人們受到娛樂、表演技巧和名人吸引，很多地方教會都轉向表演式崇拜，藉以吸引大眾。

結果，崇拜的本質由集體禱告轉為舞台表演。崇拜不是排演上帝在世界及為了世界的拯救行動，而成了令人們感到自在、快樂和得到肯定的節目。崇拜不再是上帝的百姓的公共禱告，而是成了私人和個人的經驗。在崇拜的私人化背後，是在我們文化中無處不在的個人主義。這種以自我為焦點帶來的結果，是關心我的生命、我的需要、我的欲望的禱告——這些禱告似乎對窮人的需要，對吞滅國家和社會的暴力及戰爭等問題都漠不關心，也忽略上帝在基督裏結束所有邪惡、死亡和罪的工作。那麼，我們從這裏應該走到哪裏？我們可以從古代教會學到甚麼？

古代教會的公共禱告

崇拜作為公共禱告可以這樣描述：「公共禱告藉著聖靈，透過基督，為了子的工作而讚美和感恩——祂使受造物和創造與上帝和好——從而將整個創造高舉到父那裏。」由於這是教會的公共禱告所做的事，**上帝的故事是模塑公共禱告的外在形式的內在內容的實質。崇拜以上帝的故事為禱告**。

上帝的故事和崇拜的關係，在以色列的崇拜中明顯可見。希伯來的公共崇拜植根於創造，出埃及事件，上帝展開與以色列的關係以及應許地的盼望，會幕和聖殿的獻祭，逾越節和其他每年的循環事件。安息日和所有本地的禮儀的內在內容，都由上帝在以色列中的故事模塑。基督徒的禱告也是這樣。

上帝的故事模塑公共崇拜的所有部分。整個內在結構——宣召、聖言、聖餐禮和差遣——都由上帝的故事模塑。在這崇拜—禱告中，沒有事情是偶然的，沒有事情是邊緣的，沒有事情是從屬於上帝的故事的。無論是開始的禱告，詩篇和頌歌，講道前的禱告，講道本身，代禱，傳遞平安，聖餐禮禱告，祝福，以及所有聖詩和合唱歌——所有這些崇拜的元素配合起來，成為教會的整個公共禱告。這個全面的禱告，以對耶穌基督的工作的感恩讚美，將世界和所有居住在其中的都提升到上帝面前，而世界的救贖是透過耶穌基督而實現的。這個禱告祈求上帝拯救整個世界的工作完成。

教會這個為世界的公共禱告，總是藉著聖靈，透過耶穌基督獻給上帝。因為是耶穌基督藉著聖靈使天和地、上帝和人類、永恆和暫時聯合；不單是以道成肉身、死亡和復活，也以身為上帝和祂的世界的永恆中保（來九24），並在再來時完結上帝的故事的那一位這個身分這樣做。

「受造物和創造藉著聖靈，透過耶穌得到挽回」這個真理，是永恆的崇拜和禱告的實質，同樣也是地上禱告和崇拜的內容和形式。在以下幾頁，我會指出上帝的故事如何是模塑崇拜外在和公共形式的實體內容。崇拜作為上帝故事的內容而模塑崇拜的外在形式，整個發展是頗為複雜的，我只會以幾個來自聖屈梭多模禮儀的例子說明這關係。這個禮儀源自四世紀。

崇拜作為禱告

如果教會的禱告源自上帝的故事，那麼禱告同時是為了整個世界以及為了世界中的每一個個人。施梅曼是二十世紀的東正教禮儀學家，他這樣表達：

> 聖禱文賜予我們，反映了教會的禱告——或者更好的是，**教會作為禱告**——正是那「共同任務」，有它那全面普遍和宇宙的範圍。在教會的聚集中，人首先蒙召放棄，「擱置」他對一切的「掛慮」，那些只是他自己、個人、私人的掛慮，彷彿它們會「毀滅」他自己，以及那些在教會的禱告中但卻只屬於他自己的掛慮。聖禱文揭示基督徒的「價值觀等級」；只有每個參加者接受它作為自己的，他才

> 能夠實現自己的「成員身分」，克服往往污染和扭曲教會和宗教生命的自我中心。不過，個人和具體的都沒有排除在教會的禱告以外。這就是結束、補充禱文的本質：在其中，教會將她的禱告集中在人的「私人」、個人需要上。如果首先在聖禱文中，一切私人的東西都彷彿在**整體**中「死去」；在這裏，教會的禱告的所有力量，她的所有愛，都集中在這個人，他的**需要**上。但這只是因為我們可以首先在基督的愛中與**普遍**認同，因為我們可以使自己脫離自我中心，我們現在可以透過基督的愛，居住在教會中，轉向「每一個受苦和因為行善而疲累，需要上帝憐憫和幫助的基督徒靈魂」。（這個代求可以在晚禱禮儀中找到。）[1]

知道一旦將世界放在上帝懷裏後，個人禱告便有其位置，我們便可以轉向教會怎樣為了世界的整個生命禱告。崇拜怎樣既是教會為了整個世界得救贖，一切事物的普遍秩序而作的禱告；而同時又是為了世界中每個個體而作的禱告？我會大量引用古代拜占庭禮儀一個當代版本的不同部分，但我不會全面引用，卻會簡單評論每一個禱告。[2]不過，這些很長的禱告是不言而喻的。所以，我提議你不要閱讀這些禱告，**而是以它們作為禱告，進入每個禱告對世界和你自己的目的中**。

預備的儀式

古代的禮拜始於預備的儀式，或者一個簡短的禮拜，預備羣體崇拜。（並非所有人都來。這些禱告通常由神父和一羣忠心的平信徒預備。）禮拜主要包括三個啟應禱告、一個回應，通常還有一首詩篇。以下是構成預備崇拜的啟應禱告和在第三個啟應禱告後的回應。你作出這些禱告時，要留意：（1）對三一上帝的強調；（2）上帝統治整個世界；和（3）關注世界上的每一個人。你可能想將這些禱告詠唱出來。詠唱可以令你放慢下來，給你機會在屬靈上細味每一個字。

第一啟應禱告

執事：讓我們向主禱告。

眾人：主，憐憫我們。

神父：主我們的上帝啊，祢的能力是不可想像的，祢的榮耀是不能設想的，祢的憐憫是不可測度的，祢對人的愛是言語不能形容的。在祢的憐憫中，主啊，求祢俯視我們和這神聖的院宇，給我們和那些與我們一起祈求的人，賜下祢憐憫和同情的豐富。因為一切榮耀、尊貴和崇拜都應歸於祢，歸於父，歸於子，歸於聖靈，從今時直到永永遠遠。

眾人：阿們。

第二啟應禱告

執事：讓我們向主禱告。

眾人：主，憐憫我們。

神父：主我們的上帝啊，求祢拯救祢的百姓，祝福祢的產業。守衛祢教會的完滿，潔淨那些愛祢院宇的美的人，以祢神聖的能力榮耀他們，不要丟棄我們這些對祢有盼望的人。因為主宰、國度、能力、榮耀都屬祢，歸於父，歸於子，歸於聖靈，從今時直到永永遠遠。

眾人：阿們。

第三啟應禱告

執事：讓我們向主禱告。

眾人：**主，憐憫我們**。

神父：主啊，祢給我們恩典，和平及和諧地聚集在一起禱告，祢應許凡有兩三個人奉祢的名聚集，祢便應允他們的請求，求祢現在就以對我們——這些祢的僕人——最好的方式實現我們的祈求，在這個世代將祢真理的知識賜給我們，並在將來的世代給我們永生。因為我們的上帝，祢是良善的，祢愛人類，我們將榮耀奉上給祢，歸於父，歸於子，歸於聖靈，從今時直到永永遠遠。

眾人：**阿們**。

在第三啟應禱告結束後，眾人唱詩篇九十三篇，以及以下的副歌：

> 啊，上帝獨一的子和聖言，祢是不朽的，但卻為了拯救我們而屈尊，從神聖的天主之母（Theotokos），永遠的童女馬利亞而成肉身，沒有改變而成為人；並被釘十字架；基督我們的上帝啊，祢藉祢的死征服死亡；祢是三一的一位，與父和聖靈一起得榮耀：求祢拯救我們。

留意副歌的內容是上帝故事的核心——上帝與人聯合，消滅死亡的力量。

聖言的禮儀

預備儀式引進聖言的禮拜，這個禮拜以禱告開始，那些禱告涵蓋世界、教會、國家、城市、天氣、客旅的需要，結束時強調個人，並祈求他們將整個生命都委身於上帝。以這些禱告為禱告，並明白仍未閱讀聖經，仍未傳講聖道，是因為教會必須先為全世界和其中的每一個人禱告。教會以這些話祈求世界的福祉和最終得到拯救，從而實踐它對世界的使命。教會不單為本身和教會裏面的人禱告，也為整個世界和世界上所有人禱告。因此，崇拜作為禱告，祈求上帝藉著聖靈，透過耶穌，憐憫整個世界，上帝所愛，並呼召它重新與自己聯合的世界。

執事：在和平中，讓我們向主禱告。

眾人：主，憐憫我們。

執事：為了來自上面的平安和我們靈魂的拯救，讓我們向主禱告。

眾人：主，憐憫我們。

執事：為了整個世界的和平，為了上帝聖教會的穩定，為了一切的聯合，讓我們向主禱告。

眾人：主，憐憫我們。

執事：為了這神聖院宇，以及所有以對上帝的信心、敬畏和畏懼進入其中的人，讓我們向主禱告。

眾人：主，憐憫我們。

執事：為了我們的主教（提名），為了基督裏可敬的牧者和執事，為了所有神職人員和眾人，讓我們向主禱告。

眾人：主，憐憫我們。

執事：為了這個國家和當中的每個管理和權力機構，讓我們向主禱告。

眾人：主，憐憫我們。

執事：為了這個城市，為了每個城市和國家，以及居住在其中的忠心的人，讓我們向主禱告。

眾人：主，憐憫我們。

執事：為了怡人的天氣，為了地上果子眾多，為了和平的時候，讓我們向主禱告。

眾人：主，憐憫我們。

執事：為了那些在陸地、空中、海上旅行的人，患病和受苦的人，那些被迫害的人得解救，讓我們向主禱告。

眾人：主，憐憫我們。

執事：為了讓我們脫離所有痛苦、憤怒、危險和需要，讓我們向主禱告。

眾人：主，憐憫我們。

執事：主啊，以祢的恩典，幫助我們，拯救我們，憐憫我們，保守我們。

眾人：主，憐憫我們。

執事：記念我們最神聖、最純潔、最蒙福和榮耀的女士，上帝的母親，永遠的童貞女馬利亞，以及眾聖徒，讓我們將自己、彼此以及我們的生命都交託基督我們的上帝。

眾人：主，交託給祢。

禱告後，聖言的禮拜以讀經和講道繼續。有更多禱告是以為慕道者禱告結束的。在古代教會，初信者需要經過一段屬靈訓練的時間，在講道後要去到另一個地方，思想聖經和講道。而受洗的基督徒則留下來，領受稱為「忠心者的禮儀」的聖餐禮。

忠心者的禮儀（聖餐禮的禱告）

構成忠心者的禮儀的禱告實在太長，不能在這一章全文引述。它以撒拉弗的聖詩開始，將眾人從地上帶到天上，與天軍一起永恆地高唱「三重神聖聖詩」。主禮人號召忠心者加入天軍的歌唱：

> 聖哉！聖哉！聖哉！萬軍之主！天地都充滿祢的榮耀。和散那歸於至高處！奉主名來的那位是值得稱頌的！和散那歸於至高處！

禱告繼續以上帝的故事為內容，感謝上帝——為了創造，為了上帝按自己的形象創造人類，為了祂介入歷史，透過耶穌基督挽回創造和人類，耶穌基督以祂的死和復活，「為了世界的生命」實現拯救。我在以下只引述整個禱告的一小部分，它十分清楚地提出上帝挽回創造這個歷史。這個禱告揭示耶穌和聖靈是上帝用來救贖世界的雙手。

主禮人：〔**低聲**〕以這些蒙福的力量，人類的主人和愛人啊，我們罪人也高聲呼喊說：祢是聖潔的，真正最聖潔的，祢聖潔的威嚴沒有限制。祢在祢一切工作中都是公正的，因為在公義和一切真正的判決中，祢為我們安排萬物。祢藉著從地上取塵土造人，並以祢自己的形象給他榮耀時，上帝啊，祢將他放在喜悅的樂園，應許他如果他遵守祢的誡命，便有永生，並可以享受永恆的好事物。但人不服從祢——這位創造他的真正上帝；人被蛇的狡猾引誘而入歧途，死在自己的過犯中時，祢以祢公義的審判，將他從樂園驅趕到這個世界。祢令他歸回塵土，他也來自那裏；但祢在祢的基督自己裏面為他預備重生的拯救。因為祢沒有永遠離開祢所造的受造物，良善的那一位啊，祢沒有忘記祢手的工作。透過祢憐憫那溫柔的同情，祢以多種方式探視我們：祢差遣先知到我們這裏；祢在每一代透過討祢喜悅的聖徒行大奇事。祢透過祢僕人先知的口向我們說話，預先告訴我們將來的拯救。祢給我們律法幫助我們；祢差派天使守護我們。時候滿足時，祢透過祢兒子自己向我們說話，祢也藉著祂創造諸世代。祂是祢榮耀的光輝，祢位格的形象。祂以祂能力的話語托住萬物。祂不以與祢——上帝和父——同等為強奪的。祂在萬代以前已經是上帝，但祂在地上出現，在人類中間生活。祂從聖潔的童女取得肉身；祂倒空自己，取了奴僕的形象。祂自己配合我們卑微的身體，藉以令我們配合祂榮耀的形象。因為正如罪藉著人進入世界，死藉著罪進入世界，祢的獨子在祢——上帝和父——的懷中，從婦人所生，也就是從上帝聖潔的母親，永遠的童貞女馬利亞所生，且生在律法之下，祂喜歡以祂的肉身將罪定罪，讓我們這些在亞當裏死去的人，可以在祂——祢的基督——裏面得生命。祂以這個世界的公民這個身分生活，給我們拯救的誡命。祂釋放我們脫離偶像崇拜的任性，帶我們認識祢，真正的上帝和父。祂為自己贏得我們，成為祂自己的選民、君尊的祭司、聖潔的國度。以水潔淨我們，以聖靈使我們成聖後，祂將自己交付死亡，在死亡中我們被俘擄，被罪賣掉。透過十字架降入陰間後，祂以自己充滿萬物，解除死的捆綁；祂在第三天復活，為眾生打開通往從死裏復活的路徑，因為生命的作者不能被腐敗主宰。因此，祂成了睡了的人初熟的果子，死人中首生的，讓祂可以真正成為萬物中的第一個。祂升上天上，坐在祢這位高處的威嚴者的右邊，祂會來根據每個人的工作給予回報。作為對祂為了拯救人類而受苦的記念，祂留給我們這些事情，我們根據祂的命令將這些事情呈獻給祢。因為當祂準備接受祂自願、無罪和賜生命的死亡時，在祂將自己的生命給予世界的那一晚，祂以祂聖潔無瑕的手拿起餅，當祂將餅獻給祢，祂的上帝和父時，祂感恩、祝福，將餅聖化，擘開，然後

〔**高聲**〕遞給祂聖潔的門徒和使徒，說：「拿來吃，這是我的身體，為你們擘開，使罪得赦。」

眾　人：**阿們。**

主禮人：〔**低聲**〕同樣，祂拿起葡萄酒，混和它，感謝，祝福和聖化它，然後遞給祂聖潔的門徒和使徒說：

〔**高聲**〕「你們都喝這個！這是我立新約的血，為你們和多人流出，使罪得赦。」

眾　人：**阿們。**

主禮人：〔**低聲**〕「你們應當如此行，為的是記念我。因為你們經常吃這餅和喝這杯，便是宣告我的死和承認我的復活。」因此，主啊，留意祂為了拯救而受苦，以及賜生命的十字架，祂埋葬三天和從死裏復活，祂升到天上坐在祢的右邊，上帝和父啊，以及祂榮耀和可畏的再來；

〔**高聲**〕我們將祢自己的，從祢自己而來的獻給祢，為了每一個人和一切。

忠心者的禮儀接著是祝聖禱詞（*Epiklesis*；為聖靈的來臨禱告），為死人禱告（*diptychs*），主禱文，以及舉起餅和

酒時的禱告。在領受餅和酒時，領受的人作出以下禱告，表達接受耶穌和在新生命中得建立的靈性：

主禮人：上帝，拯救祢的百姓，祝福祢的產業。

眾　人：阿們。讓我們的口充滿祢的讚美，主啊，讓我們可以歌唱祢的榮耀：因為祢准許我們參與祢聖潔、神聖、不朽和賜生命的奧祕。求祢在祢的聖潔中建立我們，讓我們整天都默想祢的公義。哈利路亞，哈利路亞，哈利路亞。

領受聖餐後，執事帶領 *Ektenia*（多一個）感恩禱告。這個禱告表示禮拜結束的開始。它包括這些話：「讓我們將自己、彼此和我們整個生命都交託基督我們的上帝。」然後神父從教堂退下，用以下這個禱告結束禮拜。這個禱告再次宣告上帝的百姓聚集來讚美上帝，祂祝福世界、祂的教會和每個人：

執　事：讓我們向主禱告。

眾　人：主，憐憫我們。

主禮人：主啊，祢祝福讚美祢的人，潔淨那些信靠祢的人：求祢拯救祢的百姓，祝福祢的產業。保護祢教會的整個身體，潔淨那些愛你的院宇的美的人。以祢神聖的能力榮耀他們，不要丟棄我們這些因祢而有盼望的人。給祢的世界、祢的教會、神父、我們國家的掌權者和祢的眾百姓平安。因為一切恩賜和一切完美的恩賜都來自上面，由祢眾光的父賜下；我們向祢獻上榮耀、感恩和崇拜，向父，向子，向聖靈，從今時直到永永遠遠。

眾　人：**阿們。**

這個對古老崇拜的禱告的回顧，有力地顯示崇拜不單包括禱告，而是**教會為了世界的生命和居住在世上的萬物的福祉和得救而進行的禱告**。上帝的故事反映上帝的雙手，祂透過這雙手藉著耶穌和聖靈救贖世界，這個故事是古代崇拜的禱告的內容。

應用

我引用初期教會的資料顯示，教會的公共崇拜是讚美和感恩的禱告，不是指向眾人，而是指向上帝。這種取向是從目前崇拜的表演觀念實行一個範式轉移。今天的崇拜往往被視為向人表演，先令他們相信，然後豐富和培育他們的信仰，為他們的生命帶來醫治。但古代的教會並沒有設計（這是當代的詞語）崇拜來接觸、教育或醫治人們。但在他們的崇拜中——而這崇拜是讚美和感恩的禱告，獻給上帝——人們實際上得到引導，默想上帝的拯救大能，得到刺激過一種生活，是參與上帝在世界中的生命的。當然，重點是我們怎樣禱告，模塑我們是怎樣的人。

其中一個最大力提倡以上帝的故事作為模塑屬靈生命的內容的人是四世紀的加帕多加教父（Cappadocian father）女撒的貴格利（Gregory of Nyssa，公元 331～394年）。貴格利接受古代創造、道成肉身和再創造的故事。他主張基督是「我們在對上帝的知識中成長的來源」，因為祂「使我們與祂聯合，恢復我們在時間開始時有的神聖友誼」；因此，祂「個人的人性重新引導人類本性的活力」。他跟從亞他拿修（Athanasius）和其他建構尼西亞信經的人，接受道成肉身對屬靈生命的含義。他寫道：「只有在高舉謙卑者的主俯就到下面，我們才可以被高舉到至高者那裏。」[3]在崇拜的記念和預期中，我們受感動默想上帝的拯救這些偉大作為。藉著默想祂的位格和工作，我們發覺自己的真本質被提升到對我們得恢復的自我有愈來愈深的意識。貴格利寫道：

> 如果一個人的心得到潔淨，除去所有屬於受造物和不馴服的感情，他會在自己的美中看見神聖本質的形象。我認為在這句短短的話中，聖言表達了一些類似這樣的勸告：在你們人類裏面有一份默想真正良善的渴望；但當你們聽到神聖的威嚴在天上得到尊崇，它的榮耀是不能表達，它的美是不可言喻，它的本質是不能觸及時，不要為了能否看到你們所渴望的而感絕望。它實際上是你們可以接觸的；你們裏面有能夠藉以理解神聖的標準。因為造你們的那一位同時給你們的本性這奇妙的質素。因為上帝在它上面印下與祂自己本性的榮耀相似的東西，就好像將雕刻的形式模塑成蠟一樣。但在帶有神聖的形象的自然四周傾倒的邪惡，令這隱藏在污穢的掩蓋下的美妙東西對你們變得沒有用。因此，如果你們以良好的生命清除好像灰泥一樣沾在你們心裏的污穢，神聖的美便會再次在你們裏面照耀。
>
> 因為神格是純潔的，沒有激情，與所有邪惡分離。如果你們裏面有這些事物，上帝便真的在你們裏面了。因此，如果你們的思想沒有任何邪惡，沒有激情，遠離污染，你們便是有福的，因為你們看得清楚。你們能夠看到那些不純潔的人看不見的東西，因為你們已經得潔淨；由物質牽絆引致的黑暗

已經從你們靈魂的眼睛中除去，所以你們看見蒙福的景象在你們內心純潔的天堂照耀。[4]

女撒的貴格利在描述默想怎樣引致參與上帝——看見和活出我們的崇拜。他不是說任何外邦人都可以藉著自己的努力恢復神聖本質的形象。而是上帝在耶穌基督裏面恢復和更新人類的本性，讓我們可以看見蒙福的景象在我們內心純潔的天堂照耀。我們可以怎樣實現引致參與基督的生命的默想？

首先，我們必須記得，**崇拜是以歷史事件為焦點的禱告**。上帝在這個世界，在祂自己在創造的啟示中，在以色列的救恩歷史中，並最終在耶穌裏變得可見而讓我們認識。崇拜—禱告專注於上帝捨己的愛，透過這愛祂使人類的狀況同歸於一，恢復我們與上帝的聯合，應許在新天新地中挽回創造。我們祈求的這歷史不是死的，而是活和積極的，因為它是上帝的活動，上帝的同在，上帝在歷史中的現實工作，救贖歷史和挽回歷史。

第二，我們必須記得，**崇拜的禱告不是以我們凡人創造的語言，而是以上帝的語言進行**。崇拜—禱告使用基督徒的故事特定和獨有的語言，在這個世界實行上帝的故事。禱告的語言是創造、墮落、立約、逾越節、會幕、先知的話、道成肉身、死亡、復活、升天、教會、洗禮、聖餐禮、永恆代求、終末的語言。這些話是需要的，因為它們講述上帝的聲音和同在。它們是世界其他宗教所沒有的，它們也不是普遍的。它們是聖經的上帝的特定話語，因而構成崇拜、禱告、默想和參與的語言。沒有言語可以相比、取代或改編。上帝與人類的關係必須以這些話來闡述，因為它們構成基督徒默想和參與的語言。

第三，我們實行的默想**處於這個故事以及揭示這個故事的禱告的語言中**。禱告的語言調節我們的默想，它有一種保障和穩定。默想並不源自我們在自己個人深處創造的內在語言，彷彿我們有能力模塑和建立我們自己的默想，脫離教會的禱告。由於教會以上帝聲音的語言祈禱上帝的故事，我們的默想總是扎根在教會的公共聲音中。我們個人的默想倚靠教會忠誠地為我們闡釋我們只能夠以結結巴巴的方式說的話。

但教會的公共禱告的個人禱告是我們的默想必不可少的部分。公共禱告是連接到個人禱告的橋梁。這個禱告透過一個過程發生。奧古斯丁稱這過程為記念—理解—渴求（*Memoria-Intellectus-Voluntas*）。[5] 首先，教會的禱告在你的心中留下印象。我們透過回憶記起上帝和世界那特定的故事。那個故事本身掌握我們的理解，包圍它，以驚歎和驚訝（默想）懾服它。然後在我們裏面產生意志的決定，要在故事找到我們的位置，讓那個故事界定自我，人類在世界存在，人類歷史和宇宙的意義。那個故事促請我們進入它的歷史之流，在世界更大的故事中，特別是在耶穌基督裏的世界歷史的高潮中，找到我們個人的故事。而且現在在祂裏面活在世界中，祂向我們顯示人類意義的完滿。現在隨著我們作為耶穌在世界的延續行動（參與），意志便得到運用；我們好像耶穌那樣愛時，感情便參與其中。我們經驗女撒的貴格利所說的：「因此，如果這些事物在你們裏面，上帝便真的在你們裏面。」[6]

但還有一件事情要考慮。在教會實行上帝在歷史中的拯救行動的禱告中，構成默想的不是上帝的行動。默想是對上帝的驚歎和驚訝，祂透過這些拯救行動顯明祂的本性。我們可以說甚麼比這更令人驚訝的話：「上帝成了肉身，為我們受苦，為我們復活，使我們和世界重歸於祂。」我們因為榮耀的上帝而驚歎，祂無比的愛帶來這些顯明祂本性的行動。我們的本性被提升到耶穌的本性中，現在透過祂與上帝聯合，並改變、轉化和轉變成按上帝的形象創造的原來本性。我們默想教會的禱告，並透過它受到聖靈刺激，活在上帝的敘事中。這個禱告是多麼奇妙的光輝。

總結

開始這一章時，我談到現時我們崇拜中禱告的危機。主要的問題是禱告不再被理解和實踐為以上帝對世界的故事來禱告。我們跟隨傳播和「節目」崇拜的文化，或者令崇拜變成一種「表演」。

將所有崇拜當為禱告來思想，然後當為禱告來實踐，是一個範式轉移。在其中我們實際上將上帝自己的故事提升到祂那裏，作為禱告。我不懷疑有些教會以他們的詩歌禱告。我參加過一些羣體，特別是具靈恩取向羣體、五旬節宗和當代教會，在其中會眾沉醉在讚美和驚歎中。對很多這些教會來說，崇拜被描述為歌唱。不過，我已經指出，古老的教會視**整個**崇拜，從開始到結束，都是在讚美和感恩中將上帝自己的故事高舉給上帝。這是需要新或者頗為古老的崇拜方式才能夠帶來的轉變。在崇拜中，我們實行上帝的故事，作為上帝和祂的教會為整個世界的禱告。我們不是創造自己無力的禱告，而是使用上帝禱告的語言和上帝禱告的聲音，高舉給耶穌基督，也就是世界和其中一切的終極禱告。

註釋

1. Schmemann, *Eucharist*, 83.
2. St. John Chrysostom 的引文來自 Morris, "The Byzantine Liturgy," in *Twenty Centuries*

of Christian Worship, ed. Webber, 152～171。

3. Gregory of Nyssa, Homily 10, *On the Song of Songs*, 由 Charles Kannengiesen, "The Spiritual Message of the Great Fathers," 引述，in *Christian Spirituality*, ed. Bernard McGinn and John Meyendorff (New York: Crossroad, 1986), 74。
4. Gregory of Nyssa, Homily 6, *On the Beatitudes*, in *Christian Spirituality*, 72, 74.
5. Augustine, 引自 Hans Urs von Balthasar, *Prayer* (San Francisco, CA: Ignatius Press, 1986), 133。
6. Gregory of Nyssa, *On the Beatitudes*, in *Christian Spirituality*, ed. McGinn and Meyendorff, 74.

結論 | *Conclusion* |

| 我邁向歷久常新的崇拜之旅 |

我不單希望讀者閱讀《崇拜：歷久常新》這本書，也特別希望讀者將它**應用**出來。很多書籍的本質是學術性，讓人閱讀藉以得到知識，但並非總是供人運用的。從一開始，我便希望人們對這本書的回應是：「我可以在自己的教會使用這些材料。」

甚麼是歷久常新的教會？

在過去多年，人們都寫信或打電話給我說：「我想探訪一間歷久常新的教會。我可以去哪裏？」我通常都沒有答案，因為我不認為歷久常新的教會或歷久常新的崇拜是下一個潮流，或者某處的「有形」教會。歷久常新的崇拜不是綽頭或表演或最新的歷險。自從上世紀六十年代後期，已經有太多「我們需要從頭開始教會」的創新。教會和它的神學不應該在每一代都重新發明。教會可能需要得到啟發，或許需要處境化，但從來都不需要打碎來重新開始。

上帝在五旬節那天設立教會，雖然它發展得好像灌木那樣有很多分枝，但卻只有一個樹幹和一組樹根，可以追溯到上帝參與歷史，而這參與權威地記載在聖經中。也有在信仰最初幾個世紀建立的普遍教導的共同核心，例如使徒信經和尼西亞信經。我的呼召是幫助我們恢復這些信仰和崇拜的共同根源。因為這些傳統是從使徒那裏接受，在多個世紀以來一直在教會傳遞下來。所以，如果你想要一個對歷久常新的崇拜的定義，那就是：**教會以聖言、聖餐桌和詩歌崇拜的共同傳統，在世界的每一個處境下忠心地實踐，並清楚地傳達。**

崇拜的中心是聖言和聖禮，透過它們，上帝對世界的異象得到宣告和上演。比一切都更將這崇拜處境化的是崇拜的音樂。音樂是以人的語言傳達崇拜的工具。音樂也是我們個人回應上帝在歷史中的故事的工具。我們也在聖詩和詩歌中宣告上帝的故事。但聖經或教會歷史都從沒有以聖詩和詩歌取代聖言和聖餐桌。聖言和聖餐桌仍然是由上帝命定，記念上帝在歷史中的拯救行動，並預嘗祂最後勝過死亡和所有邪惡的方法。所以，如果你想實行歷久常新的崇拜，便要學習上帝的故事，在聖言和聖餐桌中實行它，並利用聖詩和詩歌作為回應，不單選自教會歷代的詩歌寶庫，也選自現時的音樂。

恢復上帝故事的結構

我邁向上帝故事的古老結構之旅，始於上世紀七十年代初。當時惠頓的斯拉夫福音差會（Slavic Gospel Mission）要求我在他們的宣教學校教授一個東方神學課程。雖然我在惠頓學院教書，也完成了歷史神學的博士學位，但我對東方教父（初期基督教的真正搖籃，也是在保存教會普世信經中的聖經內容方面最有影響力的思想家）幾乎一無所知。因此，在秋季教授這個課程前的暑假，我閱讀了關於東方教會的資料。

當時只有很少關於東方教會的英文書。自從那時開始，東方教會在西方更正教圈子中變得更重要，也有很多關於東方教父，以及他們對基督教神學共同傳統的發展那巨大影響的會議和書籍。

間接著作

我很幸運，當時剛出版了一本由在紐約福德姆大學（Fordham University）教書的東正教神學家梅因鐸夫（John Meyendorff）寫的新書。那本書叫《拜占庭神學》（*Byzantine Theology*）[1]，當時只印了大約一千本，明顯是因為出版商對它的銷路感到懷疑。我用了大約二十美元買那本書，以它的篇幅來說，當時（1974 年）算是相當昂貴。（這本書現在仍然未斷版，而且賣出的數目數以千計。）我當時不知道自己將會開始一段到現在仍未完結的旅程。

《拜占庭神學》分為兩部分。第一部分介紹東方教會的歷史。第二部分介紹東方思想的神學。令我震懾的是神學那部分。它對我心裏最決定性的影響是**創造—道成肉身—再創造**這個範式。這三個詞捕捉聖經和古代教會思想的基本結構。我以前用來詮釋上帝故事的範式源自我的西方訓練：創造—罪—救贖。這個範式由奧古斯丁引入，模塑了西方思想。同一個主題由加爾文延續，在啟蒙時期傳給福音派。它今天仍然是思想聖經作為整體的主要方式。

西方模式本身沒有甚麼問題。問題在於人們詮釋和應用它的方式。流行的取向——至少在我的背景是如此——是強調罪的個人和道德面向，因而沒有充分處理執政和掌權的。奧古斯丁、中世紀的神學家和加爾文，以及福音派，都十分強調個人的罪，十分強調需要認罪，十分強調個人接受基督的死作為為我們的罪犧牲。這種強調帶領西方幾乎排他地專注於代贖的犧牲觀點，沒有有力地連繫到復活和耶穌勝過罪、死亡以及邪惡的力量。排他地專注於十字架的滿足理論，沒有充分看到存在於創造、道成肉身和最終挽回上帝整個創造之間的聯合。它反而培養一種個人主義式的基督教。

我閱讀《拜占庭神學》（一次又一次，在頭腦和心裏細味它）時，發覺西方神學缺少的連繫是深刻地欣賞道成肉身和其後得勝的基督這個主題——成肉身的上帝怎樣勝過罪和死亡。例如：在西方，很多人似乎被童女產子難倒。我們相信那奇迹的成孕，但我們不能肯定怎樣對待它。東方教父則不是這樣。他們十分清楚知道怎樣對待道成肉身。在童女馬利亞子宮裏的上帝與祂整個創造聯合，藉以將罪的後果，也就是死亡，帶到自己的身體，從而扭轉受造物和創造的墮落。耶穌身為第二亞當，打敗源自第一亞當的所有罪和死亡。正如第一亞當因為他的罪影響整個創造，第二亞當也因為祂的公義而拯救整個創造。在死亡中，耶穌打敗死亡。在祂的復活中，祂開始新的創造行動，這行動最終會在祂再來時完成。現在祂升到父那裏，繼續為世界代求並統治，直到祂所有敵人都伏在祂腳下。正如保羅寫給腓立比信徒說：「無不口稱耶穌基督為主。」（腓二 11）

東方思想在另一本大約在同一時間介紹給我的書中也很好地表達出來，那就是奧連（Gustaf Aulen）的《得勝的基督》（*Christus Victor*）。[2] 奧連有效地論證說得勝的基督是初期教父的基本代贖觀點。（這個觀點並沒有以任何方式否定基督的犧牲。）這本書有很精彩的一章，講述愛任紐怎樣發展得勝的基督這個觀點。（所有古代禮儀都以得勝的基督這個主題禱告；參第四章。）奧連也寫了很有啟發性的一章，講述中世紀神學的轉變，得勝的基督這個主題被放棄，轉而排他地強調基督的犧牲。你可以在羅馬天主教的彌撒看到這個轉變，我在第四章引述了這個彌撒的一些部分。

我繼續研究東方思想時，接觸到其他人物和書籍，幫助我愈來愈熱愛創造—道成肉身—再創造這個古老的結構。這些書中只有很少是我一再重讀的，對我最有幫助的是弗洛羅夫斯基（Georges Florovsky）的《創造與救贖》（*Creation and Redemption*）。[3] 弗洛羅夫斯基是哈佛大學（Harvard University）東方教會歷史的教授，他只是帶領我愈來愈深入古代的教父。他對教父的熟悉和將他們連繫起來的能力，擴闊了我對古代聖經結構的理解。這本書為我打開一個全新的世界，教導我怎樣閱讀教會教父的著作。

我推薦的另一本關於古代基督教結構的間接作品是由一位出色的年青神學家，曾經在杜克（Duke）大學及其他地方任教的哈特（David Bentley Hart）撰寫的。我很欣賞他那本《那無限的美》（*The Beauty of the Infinite*）[4]，不單是因為他對教父和他們解釋上帝故事的結構的知識，也因為他令教會與後現代哲學家和我們後基督教文化環境展開對話的方式。他和其他人——例如賴特（N. T. Wright）——看到我們的時代與羅馬時代有相似之處。我們今天必須處理的問題包括廣泛的戰爭、道德衰落、哲學和宗教的多元化（特別是諾斯底主義）。正如教父與他們那個時代的執政及掌權的互動，我們也必須與我們這個時代的執政及掌權的互動。為了面對我們這個時代的掌權的，我們最好恢復古老的聖經結構，並恢復對得勝者基督的強調。

教會在中世紀進入基督教世界後，他們相信文化環境受到轉化，帶來由強調得勝者基督，轉為排他地專注於代贖的犧牲性解釋。弗洛羅夫斯基和哈特都讓我們看到怎樣恢復創造—道成肉身—再創造這個古老結構，並在我們生活在其中的後現代、後基督教和新外邦時期令得勝者基督復活。

基本著作

我從間接著作開始，現在才向你介紹基本來源，可能令你感到奇怪。有些人是概念性的，需要先看大圖畫，然後才看細節。其他人則喜歡從細節開始，最終去到大圖畫。我需要先從整體看事情。然後我才可以從拼圖的小塊中找到更多意義。因此我往往閱讀間接材料，讓我先得到「一個概念」；然後我便在主要來源中研究我感興趣的題目。

我在一個關於使徒教父（這樣稱呼他們是因為他們為使徒傳統辯護）的研究院課程中最先接觸二世紀的教父。這個課程圍繞一些手稿的真實性以及富爭議的希臘詞語的意義，沒有處理這些第二世紀人物的神學。不過，由於我閱讀古代教父的著作，我開始對新約的使徒與他們的直接繼承人和詮釋者之間的連繫產生興趣。

其中一本將第一世紀和第二世紀連繫起來，十分有用的書籍是理查森（Cyril C. Richardson）的《早期教父》（*Early Christian Fathers*）。[5]我懷著很大興趣閱讀公元一一〇年安提阿主教伊格那丢的七封信，《十二使徒遺訓》，以及特別是里昂（Lyons）主教愛任紐的《反異端》。這些作者和其他第二世紀的教父（革利免〔Clement〕、殉道者猶斯丁、特土良）打開通往第二世紀的世界的窗戶。我認識第二世紀努力保持使徒信仰的基督徒。在這個世界，基督徒為了信仰而殉道，領袖與諾斯底異端搏鬥。無數外邦人歸信基督和教會。教會培育慕道者，教導初信者怎樣好像基督徒那樣思想和生活。

我不能一開始便告訴你，在我從現代性轉向以更由故事模塑的方式理解上帝在歷史中的故事這個範式轉移中，這些第二世紀的教父和文件起了多大作用。關於這些著作，我可以有很多話說，但我只會提第二世紀最重要的神學家愛任紐。我在《歷久常新的信仰》（*Ancient-Future Faith*）[6]中闡釋了他對使徒真理的委身，所以在這裏我只會就他的其中一個主題提出幾個有限的評論，那個主題就是同歸於一的神學（建基於以弗所書一章 10 節：「使天上地上一切所有的，都在基督裏面同歸於一」）。

同歸於一的神學，是描述上帝故事創造—道成肉身—再創造這個古老結構的另一種方式。同歸於一將保羅第一亞當和第二亞當的主題連繫起來。它將聖經的所有象徵連繫起來，強調整本聖經，拒絕將某個教義和教導分隔，不理會它與其他一切的連繫。耶穌基督是新亞當，祂**使一切重新開始**。祂總結世界的歷史。祂勝過死亡和所有邪惡的東西，為祂的天父重新贏得世界，使它歸回上帝榮耀的園子。這同一位主在祂的國度永遠統治創造。

我漸漸開始掌握同歸於一的重要性。我這樣做時，我以新的眼光閱讀聖經，整體地看一切。事件連繫起來；以色列的故事得到全新的理解；福音書，特別是耶穌關於掌權的的話，都有新的生命。我在書信中，特別是保羅的書信，發現一種關於上帝在整個歷史中的三一活動的神學。一切都圍繞基督。保羅的著作有了新的生命。

同歸於一的一個主要主題是道成肉身。道成肉身的思想遍佈整本聖經，是伊格那丢、愛任紐和特土良（我只提其中幾位）的主要思想。不過，道成肉身的理論是在三世紀後期和四世紀初期開始成形。一位長老亞流（Arius）散播一個觀念，認為成肉身的聖言不是上帝，而是上帝最早的創造行動中的產物。亞流教導說，成肉身的聖言在本質上與父不同。祂是父首先形成（生成）的受造物，受差派來拯救世界。祂是上帝委派的救贖者，但亞流宣稱祂在本質或實質上與父上帝不同。

亞流的反對者是亞他拿修，四世紀偉大的神學家和道成肉身的辯護者。亞他拿修論證說，成肉身的聖言不是由上帝**創造**的受造物，而是上帝自己成肉身。上帝的聖言成肉身是上帝自己在童女馬利亞的子宮中與受造物和創造聯合。在他的重要著作《論道成肉身》（*On the Incarnation*）[7]中，亞他拿修去到問題的核心——如果上帝自己在祂的本性和實質中沒有成為肉身，與我們人類聯合，**上帝便沒有拯救我們**。亞他拿修的教義在尼西亞會議（Council of Nicea）中得勝。今天我們背誦尼西亞信經時，我們承認上帝成肉身的道不是受造，而是永恆地由上帝自己所生。因此是上帝本身成肉身和拯救我們。這是古老神學的主要原則——**只有上帝能夠拯救**。以下是尼西亞信經重要的一段，承認成肉身的聖言與父有相同的本質：

我們信獨一的主，耶穌基督，
　上帝的獨生子，
　在萬世以前為聖父所生，
　從上帝所出的上帝，從光所出的光，
　從真神所出的真神，
　是生、非造、
　與聖父同體。
　萬物都是藉着他受造。
　他為了我們和我們的拯救，
　　從天降臨。
　因聖靈的大能，
　　為童貞女馬利亞所生，
　　成為人身，

在本丟彼拉多手下，為我們釘在十字架上，
　被害，受死，埋葬。
　應驗了聖經的話，
　　第三天復活，
　升天，
　　坐在聖父的右邊。
將來必在榮耀中再臨，審判活人死人，
他的國永無窮盡。[8]

我的教育和背景所缺少的，是同歸於一的神學。重新發現這些古老教父，接觸他們創造—道成肉身—再創造這個結構，令我有更深刻的福音派信仰。我更明白自己一生都不假思索地認信的事情。我一生都聽到好像「讓上帝進入你的生命」，「給神一個機會」，「接受祂作為你的救主，你便會發現生命的豐富意義」這樣的話。我漸漸開始明白，這些句語和其他相似的話都將福音顛倒過來。我以前理解福音是上帝要求我讓祂進入我的敍事，在我心裏和生命中找空間給祂。但現在我明白上帝吩咐我在祂的敍事中找到我的位置。在上帝的故事中，祂以祂雙手——成肉身的聖言和聖靈——使人類的情況同歸於一和逆轉，讓我現在可以活在祂裏面。透過祂我可以期望有得到挽回的世界，沒有邪惡存在。此時此地，由於上帝成了肉身和使萬物同歸於一，我活在祂裏面，在祂的敍事中；祂也活在我的生命中，這生命要見證祂為世界的敍事。

上帝的故事

我不準確記得自己在甚麼時候開始清楚想到整個世界

的故事是上帝的故事。它與我的閱讀和默想，特別是為了寫作《神聖的擁抱》（*The Divine Embrace*）[9]而有的兩年深刻思考一起成長。在這寫作中，古老的思想範式在我的頭腦中有新的清晰，在我心裏產生火熱的確信。這份以聖經作為神聖敘事來閱讀的深刻欣賞在預備「古老福音派的將來的號召」（*A Call to an Ancient Evangelical Future*）（參附錄）時達到高峯。

但讓我們回到初期教會的教父。我閱讀甚麼基本材料，是將創造—道成肉身—再創造這個結構連繫到上帝的故事的？

我需要再次從愛任紐這位二世紀基督教思想家中的巨人開始。我閱讀愛任紐和其他人的著作時，以與二十世紀七八十年代流行的自由派版本十分不同的方式看上帝的敘事。自由派真的不想承認故事那歷史、屬地的本質。因此，他們發明口號肯定那個故事，但卻否定它的歷史本質：那個故事是神話。耶穌是通用的一元神話（mono-myth）。這全都由「歷史的耶穌和信仰的基督」這句話總結。他們說兩者是有分別的。你可以否認創造主與祂的受造物和創造的聯合**實際**發生，但仍然肯定這是所有宗教經驗的普遍真理。這種觀點是一種新的諾斯底主義，我們今天需要好像愛任紐拒絕他當時的諾斯底主義那樣，明確拒絕這種觀點。（我們毋須證明敘事的歷史真實性。我們只需要接受它是上帝拯救行動的權威和默示的記錄，以及啟示的評註。）

愛任紐的敘事版本並非建基於神話，而是建基於歷史事實：上帝的故事真實地在時空和歷史中發生。上帝創造這個物質世界。上帝在以色列中參與世界歷史，當然，祂還成了肉身，改變世界的方向。基督會親身回來，再創造這個地上的家。創造給人類的命令是活在上帝的旨意中，令地上成為祂榮耀的居所，這會確實和真的在新天新地實現。

有時我告訴人們，古代的教父對信仰和聖經採取故事形成的取向時，他們會傻笑或揚起眉，彷彿在說：「這是你虛構的，因為你希望事情是這樣。」我通常只是聳聳肩和微笑，知道他們很可能從沒有讀過教父的著作。但我應該做（偶然也有做）的是鼓勵他們至少讀愛任紐的《論使徒的宣講》（*On the Apostolic Preaching*）。這樣他們便會看到初期教會的教父跟從上帝記錄在聖經的故事。

《論使徒的宣講》將故事由頭到尾提出來；愛任紐將它想為一個整體。在愛任紐這本書的導論中，貝爾寫道：「愛任紐毫不費力地向我們示範使徒怎樣傳講上帝的活動，從創造到子得到高舉。」在這本書的序言中，愛任紐說，我們要「按著它的實況相信真正發生的事情」[10]，令上帝故事的歷史真實性變得清晰。

愛任紐是二世紀第一個得到完整的聖經的教父，他視聖經為上帝權威的聖言，給我們歷史的全景。《論使徒的宣講》以創造、墮落和人類到以色列的歷史開始。接著這本書處理上帝在耶穌基督——上帝成肉身的聖言——裏的拯救。愛任紐用互文本的論證顯示那故事的真理。他特別引述先知書，正如好像伊格那丢（公元 110 年）和殉道者猶斯丁（公元 150 年）這些以前的作者一樣。貝爾認為：「愛任紐顯示只有一位上帝，祂透過祂獨一的兒子耶穌基督，藉著獨一的聖靈，讓獨一的人類族裔認識祂，令祂由塵土所造的造物與祂有親密的團契。」[11] 事實上，我們可以有信心地歌唱和宣講，說上帝藉著第二個形成的人的順服，糾正了第一個形成的人的錯誤。藉著祂自己雙手——成肉身的聖言和聖靈——上帝更新了大地的面貌，我們現在可以活在盼望和期望上帝完成的歷史中。

同歸於一的主題是第二世紀其他著作的中心。其中一個例子是基督教傳統中第一篇完整的講章。我在第五章提過這篇講章，它是墨利托大約在公元一九五年寫成和宣講的復活節講章〈論復活〉。由於我已經提過這作品，我現在只會順帶說，它就以色列的故事和耶穌的故事在古代教會傳講和傳達福音時多麼重要，給我們一些洞見。它有很多比喻和象徵，給我們有力的例子，顯示今天可以怎樣以故事形成的方式傳講聖經的經文。

當然，講道是我們在崇拜中所做的事情。我們宣告上帝的故事，記念祂拯救的偉大作為。在聖餐中，我們上演上帝的故事以及它預期的將來，或者將它化為戲劇；而在這樣做時，我們實際上以將來的國度一種暫時、存在的經驗引進上帝的國度。

另一本影響了東西方禮儀的古代著作是希坡律陀在大約公元二一五年寫成的《論使徒傳統》。[12] 我在前面已經提過這著作，所以我在這裏只會提出幾點評論，而這些評論只是指聖餐禮禱告（*anaphora*）的敍事性質。當然，那故事是三一的。希坡律陀顯示聖餐禮的禱告在讚美父，記念子在歷史中的工作，以及預期聖靈使上帝的百姓合一和肯定信仰中上帝的真理中有怎樣的朝向。（參第五章關於希坡律陀和聖餐桌，題為「希坡律陀的文本」的一節。）

總結

我已經讓你簡略地看到有助我從現代的思考方式，走向古代更希伯來和整全的思考方式的幾本比較重要的原始和間接著作。

我的旅程並不是給別人的規範。我肯定有很多人是經由不同的路從現代走到古代的思考方式。我希望我的旅程會在你的內心和頭腦更傾向初期教會的神學和實踐時給你幫助。

總括來說，我一直都在學習怎樣透過這「古老的方法」——信仰的故事形成詮釋學——屬靈地閱讀創造—道成肉身—再創造這範式——上帝怎樣使世界（受造物和創造）同歸於一，重新贏得它，實現祂所有創造的目的。我現在仍然在學習。學習怎樣屬靈地閱讀聖經，可以預備你實行歷久常新的崇拜，一種忠於使徒傳統的崇拜。

註釋

1. John Meyendorff, *Byzantine Theology: Historical Trends and Doctrinal Themes* (New York: Fordham University Press, 1974).
2. Gustaf Aulen, *Christus Victor: A Historical Study of the Three Main Ideas of the Atonement* (New York: Macmillan, 1969; Eugene, OR: Wipf & Stock, 2003).
3. Georges Florovsky, *Creation and Redemption* (Belmont, MA: Nordland Publishing, 1976).
4. David Bentley Hart, *The Beauty of the Infinite* (Grand Rapids, MI: Eerdmans, 2003).
5. Cyril C. Richardson, ed., *Early Christian Fathers* (Philadelphia, PA: Westminster, 1953).
6. Robert E. Webber, *Ancient-Future Faith* (Grand Rapids, MI: Baker, 1999).
7. Athanasius, *On the Incarnation* (*De Incarnatione Verbi Dei*), trans. And ed. A religious of C.S.M.V. (Crestwood, NY: St. Vladimir's Seminary Press, 1975).
8. *The Book of Common Prayer* (New York: Seabury Press, 1979), 358-359，粗體為引者所加。
9. Robert E. Webber, *The Divine Embrace* (Grand Rapids, MI: Baker, 2006).
10. St. Irenaeus of Lyons, *On the Apostolic Preaching*, trans. John Behr (Crestwood, NY: St. Vladimir's Seminary Press, 1997), 17.
11. St. Irenaeus of Lyons, *On the Apostolic Preaching*，書背。
12. Hippolytus, *On the Apostolic Tradition*.

附錄 | *Appendix* |

| 古老福音派的將來的號召 |

序言

在每個時代，聖靈都呼召教會檢視它對上帝在耶穌基督裏的啟示是否忠心，這啟示權威地記錄在聖經裏，並透過教會傳遞下來。因此，我們在肯定我們這個時代全球福音主義的整體力量和活力的同時，也相信北美表達的福音主義需要對上帝的百姓面對的內外挑戰特別敏感。

外在挑戰包括現時的文化環境和宗教及政治意識形態的復甦。內在挑戰包括福音派遷就公民宗教、理性主義、隱遁主義和實用主義。考慮到這些挑戰，我們號召福音派透過恢復由古代教會的共識和它在東正教、羅馬天主教、更正教宗教改革和福音派覺醒運動中的守護者闡述的信仰。古代的基督徒面對一個異教、諾斯底主義和政治控制的世界。面對異端和迫害，他們透過以色列的故事明白歷史，這個故事在耶穌的死亡和復活以及上帝國的來臨中達到高峯。

今天，正如在古代一樣，教會面對很多與福音矛盾及競爭的元敍事。迫切的問題是：會由誰敍述世界？古老福音派的將來的號召，挑戰福音派信徒恢復「上帝在歷史中的行動」這個由聖靈感動的聖經故事的優先性。上帝國度的敍事對教會的使命、它的神學反省、它崇拜和靈性的公共事奉，以及它在世界中的生命都有永恆的含義。藉著接觸這些主題，我們相信教會會得到力量，應付今天的問題。

1. 關於聖經敘事的重要性

我們號召福音派回到三一上帝那由神授權的正典故事的優先性。這個故事——創造、道成肉身和再創造——由基督使人類歷史同歸於一實現，並由初期教會在它信仰的規條中總結。這些規條由福音模塑的內容是詮釋聖經和批評當代文化的關鍵，因此模塑教會的牧養職事。今天，我們號召福音派離開現代的神學方法，這些方法將福音化約為只是命題；我們也號召福音派離開當代十分適應文化的牧養事奉，這些文化遮蔽上帝的故事，或者淘空它的全面和救贖意義。在有相互競爭的故事的世界中，我們號召福音派恢復上帝的聖言作為世界的故事，令它成為福音派生命的中心。

2. 關於教會——上帝的敘事的延續

我們號召福音派認真對待教會那可見的特質。我們號召福音派以忠於上帝的使命（Missio Dei），委身於它對世界的使命，並委身於探討這對教會的合一、聖潔、大公性和使徒性有甚麼普世的含義。因此，我們號召福音派離開個人主義，這種思想令教會只是上帝救贖計劃的附加物。個人主義的福音派帶來現時無教會的基督教，根據商業模式重新定義教會，分離主義式教會論和對教會抱批判態度等問題。因此，我們號召福音派恢復他們在大公教會羣體中的位置。

3. 關於教會對上帝的敍事的神學思考

我們號召教會的思考維持植根於聖經，延續從初期教父學到的神學詮釋。因此，我們號召福音派放棄將神學思考脱離教會的共同傳統的方法。這些現代方法藉著分析上帝的故事的不同部分，同時又忽略上帝在基督裏同歸於一的整個救贖工作，從而將這故事分隔。反歷史的態度也不理會古代教會那共同的聖經和神學遺產。

這種不理會忽略了教會的普世信經的詮釋價值。這樣將上帝對世界的故事化約為眾多互相競爭的神學的其中一種，損害教會在上帝對世界的歷史的計劃方面那合一的見證。因此，我們號召福音派在「在各處總是由眾人相信的傳統」中合一，也在不同的更正教傳統中謙卑和仁慈。

4. 關於教會的崇拜作為講述和上演上帝的敍事

我們號召歌唱、傳講和上演上帝的故事的公共崇拜。我們號召福音派重新考慮上帝怎樣在洗禮、聖餐禮、認罪、按手、婚姻、醫治和透過聖靈的恩賜服事我們，因為這些行動模塑我們的生命，並象徵世界的意義。因此，我們號召福音派放棄專注於以上帝作為理性的對象，或者主張自我是崇拜的來源的崇拜形式。這種崇拜帶來以演講為導向、由音樂推動、以表演為中心和以節目來控制的模式，沒有充分地宣告上帝的普遍救贖。因此，我們號召福音派恢復聖言和聖餐桌崇拜的歷史實質，留意教會年曆，這年曆根據上帝的拯救行動而標示時間。

5. 關於教會的屬靈模塑作為上帝敍事的體現

我們號召對上帝的百姓實行教義問答的屬靈模塑，牢牢建基於三一的聖經敍事。我們關注靈性與上帝的故事，以及受洗歸入基督的生命和身體這些事情分離。靈性如果獨立於上帝的故事，往往變成教條主義，單純的頭腦知識，過度治療性的文化，新紀元諾斯底主義，二元論地拒絕這個世界，並自戀地專注於自己的經驗。這些虛假的靈性不足以應付我們在今天的世界面對的挑戰。因此，我們號召福音派回到歷史的靈性，好像古代的慕道訓練教導和實踐那樣。

6. 關於教會在世界體現的生命

我們號召一種十字架式的聖潔，以及委身於上帝在世界的使命。這體現的聖潔肯定生命，聖經的道德，以及合適的捨己。它號召我們成為創造秩序的忠心管家，以及當代文化勇敢的先知。因此，我們號召福音派加強他們的先知聲音，反對對上帝給生命的恩賜，經濟和政治不公義，對生態不敏感，和幫助窮人和被邊緣化的人等不同形式的漠不關心。太多時候，我們沒有以先知的方式對抗文化被種族歧視、消費主義、政治正確性、公民宗教、性別歧視、道德相對主義、暴力和文化之死等擄掠。這些失敗令基督透過祂的教會對世界發言的聲音沉寂下來，貶損上帝對世界的故事，而教會應該集體體現這個故事。因此，我們號召教會恢復它抗衡文化這個對世界的使命。

跋

總括來說，我們號召福音派恢復上帝的故事模塑教會的使命，讓它見證上帝的國度，並提供文明的屬靈基礎這個信念。我們提出這個號召作為持續、開放的對話。我們也留意到我們有自己的盲點和軟弱。因此，我們鼓勵福音派在教育機構、宗派和地方教會中透過出版和會議參加這個號召。

我們祈求我們可以刻意宣告一位慈愛、超越、三一的上帝，祂參與我們的歷史。與聖經、信經和傳統一致，我們最深的渴望是透過我們的神學思考、我們的崇拜、我們的靈性和我們在世上的生命，在教會的使命中體現上帝的目的，同時宣告耶穌是整個創造的主。[1]

註釋

1. A Call to an Ancient Evangelical Future, ©Northern Seminary 2006, Robert Webber and Phil Kenyon。獲准以不改動加上合適引用的形式重印這個號召。要閱讀和簽署這個號召，請瀏覽 www.ancientfuturewhorship.com 或 www.aefcall.org。
這個號召是以是與否（*sic et non*）的精神發出，因此將自己的名字加在這個號召上的人毋須同意它的全部內容。共識是這些問題在教會面對我們時代的新挑戰時，根據不斷歸正（*semper reformanda*）的傳統討論。在七個月內，超過三百人透過電郵就這個呼召發表了意見。這些人來自很多不同種族和宗派。最持續地與建立這個呼召互動的四位神學家被提名為神學編輯。參考委員會獲給予整體同意這個特別的任務。

精選書目 | Selected Bibliography |

值得參考的著作

Athanasius. *On the Incarnation (De Incarnatione Verbi Dei)*. Translated and edited by a religious of C.S.M.V., with an introduction by C. S. Lewis. Crestwood, NY: St. Vladimir's Seminary Press, New Edition, 1975.

Aulen, Gustaf. *Christus Victor: A Historical Study of the Three Main Ideas of the Atonement*. New York: Macmillan, 1969; Eugene, OR: Wipf & Stock, 2003.

Balentine, Samuel E. *The Torah's Vision of Worship*. Minneapolis, MN: Fortress Press, 1999.

Balthasar, Hans Urs von, *Prayer*. San Francisco, CA: Ignatius, 1986.

Beale, G. K. *The Temple and the Church's Mission: A Biblical Theology of the Dwelling Place of God*. Downers Grove, IL: InterVarsity Press, 2004.

Deiss, Lucien. *Early Sources of the Liturgy*. 2nd ed. Translated by Benet Weatherhead. Collegeville, MN: Liturgical Press, 1975.

Florovsky, Georges. *Creation and Rededmption*. Belmont, MA: Nordland Publishing, 1976.

Hart, David Bentley. *The Beauty of the Infinite*. Grand Rapids, MI: Eerdmens, 2003.

Hippolytus. *On the Apostolic Tradition*. An English version with introduction and commentary by Alistair Stewart-Sykes. Crestwood, NY: St. Vladimir's Seminary Press, 2001.

St. Irenaeus of Lyons. *On the Apostolic Preaching*. Translation and introduction by John Behr. Crestwood, NY: St. Vladimir's Seminary Press, 1997.

Melito of Sardis. *On Pascha*. Translated and introduced, and annotated by Alistair Stewart-Sykes. Crestwood, NY: St. Vladimir's Seminary Press, 2001.

Meyendorff, John. *Byzantine Theology: Historical Trends and Doctrinal Themes*. New York: Fordham University Press, 1974.

Richardson, Cyril C., edit and translate. *Early Christian Fathers*. Philadelphia, PA: Westminster, 1953.

Schmemann, Alexander. *The Eucharist: Sacrament of the Kingdom*. Crestwood, NY: St. Vladimir's Seminary Press, 1988.

Webber, Robert E. *Twenty Centuries of Christian Worship*. Peabody, MA: Hendrickson, 1994.

Wilson, Marvin R. *Our Father Abraham*. Grand Rapids, MI: Eerdmans, 1989.

推薦作品

Anderson, Bernard A. *From Creation to New Creation*. Minneapolis, MN: Fortress Press, 1994.

Baker, Jonny, and Doug Gay with Jenny Brown. *Alternative Worship*. Grand Rapids, MI: Baker, 2004.

Bartholomew, Craig R., and Michael W. Goheen. *The Drama of Scripture*. Grand Rapids, MI: Baker, 2004.

Basden, Paul. *Exploring the Worship Spectrum*. Grand Rapids, MI: Zondervan, 2004.

Batson, David. *The Treasure Chest of the Early Christian*. Grand Rapids, MI: Eerdmans, 2001.

Chan, Simon. *Liturgical Theology*. Downers Grove, IL: InterVarsity Press, 2006.

Church, Forester F., and Terrence J. Mulry, eds. *Earliest Christian Prayers*. New York: Macmillan, 1988.

Daley, Brian E. *The Hope of the Early Church*. Peabody, MA: Hendrickson, 2003.

Dawson, John David. *Christian Figural Reading and the Fashioning of Identity*. Berkley, CA: University of California Press, 2002.

Green, Joel B., and Michael Pasquarello III. *Narrative Reading, Narrative Preaching*. Grand Rapids, MI: Bakers, 2003.

Hall, Christopher A. *Learning the Theology with the Church Fathers*. Downers Grove, IL: InterVarsity Press, 2002.

_____. *Reading Scripture with the Church Fathers*. Downers Grove, IL: InterVarsity Press, 1988.

Lee, Philip J. *Against the Protestant Gnostics*. New York: Oxford, 1987.

Peterson, Eugene H. *Eat This Book*. Grand Rapids, MI: Eerdmans, 2006.

Ramsey, Boniface. *Beginning to Read the Fathers*. New York: Paulist Press, 1985.

Seitz, Christopher R. *Figured Out*. Louisville, KY: Westminster John Knox Press, 2001.

_____. ed. *Nicene Christianity*. Grand Rapids, MI: Brazos Press, 2001.

Thompson, Bard. *Liturgies of the Western World*. New York: World Publishing, 1962.

Webber, Robert E. *Ancient-Furture Faith*. Grand Rapids, MI: Baker, 1999.

_____. *The Divine Embrace*. Grand Rapids, MI: Baker, 2006.

_____. *Worship Old and New*. Grand Rapids, MI: Zondervan, 2nd ed., 1994.

Wilken, Robert L. *Remembering the Christian Past*. Grand Rapids, MI: Eerdmans, 1995.

Williams., D. H. *Retrieving the Tradition and Renewing Evangelicalism*. Grand Rapids, MI: Eerdmans, 1999.

_____. ed. *The Free Church and the Early Church*. Grand Rapids, MI: Eerdmans, 2002.

_____. ed. *Traditional, Scripture and Interpretation*. Grand Rapids, MI: Baker, 2006.

讀者意見表

緊扣時代 服事教會

以文字傳揚基督真道

衷心多謝你購買本社書籍。本社一直致力以出版事工服事教會，幫助信徒扎根於神的話語，促進靈命增長。為使我們的出版更能滿足你的需要，請填寫下列各項資料，並寄回或傳真予本社。

所購書籍：________________

本書最吸引你的地方：
□作者 □適切性 □文筆 □設計 □實用性
□其他：________________

購買本書地點：
□基道書樓 □基督教書店 □非基督教書店

性別：□男 □女 職業：________________

信仰：□基督徒 □非基督徒

年齡：□ 16 歲或以下 □ 17～25 歲 □ 26～35 歲
□ 36～55 歲 □ 56 歲或以上

學歷：□中三或以下 □中五 □預科
□大學 □研究院

□我欲更多了解基道出版社的事工及考慮支持，請寄給我下列資料：
□機構簡介 □新書資料 □基道會員通訊
□《基道文字事工通訊》

姓名：________________ 電話：________________

地址：________________

____

傳真：________________ 電子郵件：________________

其他意見：________________

____

多謝賜教！

意見表可以傳真（2687-0281）或直接郵寄以下地址：
香港沙田火炭坳背灣街26號富騰工業中心1011室
基道出版社編輯部收